Féministes et islamistes
Innovation ou Imposture ?
(Essai)

NASSIRA BELLOULA

Féministes et islamistes

Innovation ou Imposture ?
(Essai)

RAFER EDITION

I

INTRODUCTION

Dès qu'on veut justifier le fait de vous dominer, on vous assène cette phrase « C'est le Coran qui le dit », il faut que les femmes aient les outils pour argumenter face à cette inculture religieuse généralisée. Nous ne devons pas accepter n'importe quoi au nom du sacré.

Leila Slimani

1.

DEPUIS L'ÉMERGENCE DU FÉMINISME ISLAMISTE, il y a une vingtaine d'années au sein des universités occidentales, la redéfinition de l'histoire de la pensée des luttes féminines a suscité maintes questions et interrogations persistantes. Les principales figures féministes de ce mouvement se présentent comme croyantes et innovatrices, visant à l'émancipation à partir de l'Islam. Cette alliance entre féminisme et islamisme interpelle et nous amène à réexaminer les implications de l'islamisme en tant que pensée fondée sur la politisation de l'islam. Aujourd'hui, dès que les termes islam et islamisme sont mentionnés, ils suscitent des réactions vives de part et d'autre. Aborder des sujets tels que les musulmans, les courants modérés et extrémistes, la religion, le Coran, le voile, entre autres, génère des tensions complexes, rendant la parole problématique.

Ce féminisme soulève un fort intérêt au sein des milieux féministes et universitaires, ce qui explique son intégration croissante dans les études féminines. Il a provoqué diverses réactions, allant de la subjugation au rejet, en passant par le cautionnement, le refus, l'innovation, voire des perceptions d'irrationalité ; le terme « oxymore » a même été utilisé pour décrire ce courant. Intrigué, j'ai ressenti le besoin de l'analyser par moi-même, car il me semblait inconcevable de concilier « islamisme » et « féminisme ». C'est ainsi que je me suis lancé dans cette exploration, m'identifiant particulièrement avec les réflexions de l'écrivaine franco-tunisienne Faouzia Zouari : *peut-on parler d'un « féminisme islamiste ? » La formule étonne quand elle ne choque pas. Et l'association entre le référent laïque/occidental, d'un côté, et le référent religieux/islamique, de l'autre, semble irréconciliable. »*

Ce féminisme islamique suscite des questions sur son impact potentiel sur la mobilisation et la solidarité féminines. Opère-t-il dans une continuité avec les traditions existantes ou marque-t-il une rupture significative ? Quelles perspectives libératrices offre-t-il aux femmes musulmanes, alors qu'il se profile comme étant exclusif et agit dans un cadre religieux ? Les études d'Asma Barlas et Margot Badran, spécialistes de l'herméneutique de l'Islam et du Coran, ont explicitement inauguré l'analyse des mécanismes qui ont utilisé le Coran comme instrument de défense des droits des femmes.

Zahra Ali dans son livre « *Féminismes islamiques* », définit clairement le projet de proposer des lectures alternatives pour la réappropriation du savoir et de l'autorité religieuse par les femmes. Ces approches contestent une vision figée des rapports socioculturels dans les sociétés musulmanes à l'égard du Coran. Cependant, en réfléchissant sur leur condition au sein même de l'islam, ne révèle-t-il pas un profond malaise qui traverse les musulmanes, au point où elles cherchent dans le message divin une praxis féministe ? En analysant la genèse des luttes féminines qui ont ouvert la voie à leur émancipation, on constate également des féministes ayant agi à partir de traditions religieuses chrétiennes et juives. S'en suivra d'autres mouvements féminins, qui ont exploré des domaines, tels que le féminisme noir, l'autochtone, l'Intersectionnalité, le Queer, le Lesbien, l'écoféminisme, jusqu'à des formes extrêmes comme le Femen. Face à cette diversité, on pourrait légitimement se demander : pourquoi pas un féminisme islamiste ?

Toute lutte émerge par nécessité, désespoir ou besoin, et puise directement dans le terreau d'où il provient, revendiquant son droit d'exister et de s'exprimer.

Au fil des années, le féminisme, confronté à une fragmentation, aurait pu disparaitre si la cause des femmes n'avait plus jamais été à l'agenda. Les raisons de cette division résultent d'un sentiment de rejet. Les droits des femmes sont devenus multifacettes : identitaires, raciaux, sociaux, religieux, économiques et liés à l'identité sexuelle, etc. La nouvelle génération d'activistes ne revient pas aux principes originels des revendications des femmes, formulées contre le patriarcat, la domination masculine et les inégalités. Cette fracture est en partie due à des tensions internes qui ont encouragé la diversité des perspectives. Des spécialistes soulignent que nous devons reconnaître que l'ère du féminisme classique est révolue. Il est nécessaire qu'il se renouvelle ou qu'il laisse la place à d'autres formes de luttes qui correspondent le mieux à la situation actuelle. Cependant, il serait naïf de penser que les femmes ont déjà émergé du long tunnel de progression qu'elles ont dû traverser. Il est crucial d'attirer l'attention sur le fait que l'égalité entre les sexes demeure la pierre angulaire des combats féministes, surtout dans des sociétés où les disparités persistent de manière flagrante.

Les femmes sont conscientes qu'elles sont les premières victimes en cas de crise économique, de conflits armés, de famine, de pauvreté et de transitions des États vers des théocraties. Dans son livre Féminisme et philosophie, Geneviève Fraisse affirme clairement que les droits des femmes sont « *réversibles* » [...] *La liberté des femmes est vulnérable, susceptible d'être compromise. La durée prolongée de l'oppression nous attend* » (Gallimard, 2020). Bell Hooks souligne que les débuts du féminisme contemporain étaient centrés sur les droits civiques et la liberté sexuelle, symbolisés par la revendication « *mon corps m'appartient* ». Cette quête corporelle transcende les frontières occidentales et suscite une attention croissante en Orient et au Maghreb, où les revendications féministes se distinguent nettement. Alors que dans les sociétés occidentales, l'accent est souvent mis sur la liberté sexuelle et le droit à l'avortement, dans les sociétés musulmanes, la priorité a souvent été de reprendre possession de leur propre corps. Le corps est considéré comme « otage » des normes familiales, sociales et tribales, et assujetti aux traditions et croyances. Avant même d'aborder la question taboue de la sexualité, il était crucial pour ces femmes de s'approprier leur corps, de le reconquérir et de le dévoiler, comme en témoigne la littérature féminine contemporaine. Les premières militantes occidentales et orientales ont principalement défendu l'éducation des filles et le droit de vote universel, contribuant ainsi à une évolution positive du féminisme grâce à un éveil de conscience politique et leurs connaissances solides. En mai 1968, le Mouvement de Libération des Femmes (MLF) a marqué un tournant radical, mais n'a pas réussi à répondre de manière uniforme aux multiples besoins et perspectives des femmes. Actuellement, certaines critiques féministes soulignent que l'accent exclusif sur la liberté sexuelle à cette époque n'a pas convenu à toutes les femmes. D'autres voix conscientes des limites du féminisme traditionnel à intégrer les diversités de couleur de peau, de race, d'identité, de classe sociale et de religion ont émergé. Cette diversité d'opinions a engendré des conflits endogènes, entravant la capacité à construire une solidarité robuste et inclusive. Le manque de cohésion a parfois empêché les groupes de développer une coopération, basée sur l'acceptation de l'autre, sans imposer ses propres règles. Ce qui a contribué à l'insuccès du dialogue entre les multiples sensibilités féministes.

Ce livre explore une dynamique complexe qui entrelace deux paradigmes souvent opposés : le féminisme et l'islamisme, qualifié de néo-féminisme. Il remet en question l'approche classique, jugée pour son caractère colonial, blanc et occidental, perçu comme oppressif et ignorant des différences entre les femmes. Cette critique a engendré l'émergence de courants radicaux qui rejettent cette perspective. Les voix issues des pays dits « tiers-mondistes » reprochent à ce féminisme d'être idéologique et de ne pas avoir contribué à l'émancipation des femmes. Le black feminism cherche à corriger cette trajectoire en tenant compte des réalités des femmes racisées. Le concept d'intersectionnalité vise à rassembler diverses sensibilités —

musulmanes, lesbiennes, africaines, handicapées, etc. — face au racisme, à l'islamophobie et à l'exclusion. L'autre blâme que porte le féminisme islamiste au classique est son « libertinage », l'accusant de désintégrer le tissu social et familial. Mais, à noter qu'il rejette également l'approche du féminisme musulman, car ses militantes s'éloignent du cadre religieux pour revendiquer leurs droits. Mon étude se concentre sur les différents discours des acteurs de trois courants essentiels : le féminisme islamiste, le féminisme musulman et le féminisme intersectionnel.

Toutefois, il faut expliquer la distinction entre le féminisme islamiste et le musulman, car s'ils semblent être identiques, ils sont cependant différents. Les militantes musulmanes œuvrent hors de la religion et ne la considèrent pas comme un émancipateur possible, et se réclament de lois républicaines. Les féministes islamistes sont associées à l'islam politique et sont avant tout des activistes qui travaillent à partir de la religion. Elles accordent une grande importance à ses principes et enseignements en cherchant dans le Coran un message d'égalité et de justice sociale. Cependant, elles sont prudentes et n'osent pas s'attaquer aux pratiques patriarcales, qui sont le résultat d'un mélange de coutume/religion.

C'est dans cette perspective d'analyse que ce livre ambitionne, en présentant l'ensemble des combats féminins qui émergent des musulmanes de toutes classes confondues, de leurs entreprises et des discours des groupes qui les animent. Il convient de souligner que leur travail ne favorise pas non plus une cohésion dans ce groupe, car il y a plusieurs sensibilités avec des parcours différents, certains pertinents, d'autres moins convaincants, mais qui se sont intégrées dans ce paysage féministe. Cela met en évidence le fait que le féminisme traditionnel ne reflète plus ce principe d'universalisme sur lequel il se fondait pour étendre ses branches, il est désormais ouvert aux évolutions et aux oppositions. Il semble que le féminisme traditionnel ne soit plus unificateur, ce qui soulève des questions sur la probabilité de son déclin et les raisons de la fragilisation de sa pensée. Il est nécessaire de noter que le manque de dialogue inclusif, capable de reconnaître les différences sans les ne stigmatiser ni les effacer, a favorisé l'émergence d'autres formes de féminismes.

Aujourd'hui, la nécessité d'adaptation à un monde en constante évolution guide les énergies militantes vers de nouvelles directions. Est-ce que ce processus favorise la mobilisation ou la solidarité entre les féministes ? Est-ce qu'il évolue dans une forme de sororité, de continuité ou de rupture ? Quelles sont les perspectives qu'il offre aux musulmanes d'autant qu'il se présente comme étant « exclusif », œuvrant dans un paysage idéologique et surtout à partir de l'Occident ? Cependant, en examinant leur situation au sein même de la religion, ne met-il pas en évidence un profond malaise qui traverse leurs sociétés au point de rechercher dans le message divin une praxis féministe ? Vous allez certainement me dire un féminisme islamiste, pourquoi pas ? Des mouvements féministes ont évolué à l'intérieur des religions chrétiennes et judaïques, tandis que d'autres vont suivre avec des spécificités différentes : le Black feminism, écoféminisme, autochtone, intersectionnel, Queer, lesbien jusqu'à une extrême forme le Femen. Toute lutte émerge par nécessité, en puisant son énergie directement dans le contexte social auquel elle appartient, et revendique le droit à son existence. Il est crucial d'analyser les discours et les démarches employées afin d'identifier les éléments contradictoires ou analogues. Cette analyse nous conduit au début du XIXe siècle, période où un féminisme arabe se développe parallèlement au féminisme américain et européen. Des femmes musulmanes, issues de diverses classes sociales et sensibilités, ont quitté leur espace domestique pour investir la scène publique et exiger que leur voix soit entendue.

Nous citons en exemple, l'Egyptiennes Aïcha Taymour, Nabawiyya Musa, Huda Sharawi, Cesa Nabrawi, la Libanaise May Ziadé, la Marocaine Fatima Mernissi et bien d'autres. Elles ont marqué leur temps, en œuvrant pour l'égalité, la justice, le droit au vote, tout en dénonçant le patriarcat et un amalgame de coutumes et religions assez misogynes. Certaines ont évolué dans un cadre progressiste en dépit de l'époque, d'autres ont agi de l'intérieur à cause de leurs éducations. Dans les années vingt, la question de la condition de la femme musulmane a été abordée au sein de la société grâce à la Nahda (la Renaissance), un mouvement visant la modernisation du monde arabe. Ce mouvement s'articulait dans les domaines de la littérature, de la politique, de la religion et de la réévaluation de l'identité arabe. Il reposait sur trois principes fondamentaux.

— *Tawhid (unité)* : La Nahda prônait l'unité des nations musulmanes dans le sens de l'Ouma, afin de lutter contre les divisions et les dissensions au sein de l'Islam. Ce principe cherchait à renforcer la solidarité et la coopération entre les différentes communautés musulmanes.

— *El Ijtihad* (réinterprétation) des textes sacrés et leur adaptation à la réalité contemporaine, en tenant compte de la modernité. Cela incluait la promotion de l'égalité des sexes et la révision des rôles traditionnels assignés aux femmes dans la société musulmane.

— *La Choura* (la consultation) qui s'apparente à la démocratie. C'est à cette époque notamment que va se développer le féminisme égyptien. De nos jours, la condition des musulmanes s'est sensiblement améliorée. Elle a suscité l'intérêt des politiques, des associations, des ONG, des syndicalistes et des intellectuels, qui ont œuvré intensément pour permettre la mise en place de lois qui assurent l'exercice des droits des deux sexes et renforcer davantage celle des femmes. C'est au fort de ces revendications et ces engagements que le féminisme islamiste s'est développé à une époque où l'islam politique était à son apogée et s'était imposé aussi bien en Orient qu'en Occident. Il émerge dans une optique qui paraît trop traditionnelle, trop conservatrice, alors que les progrès des musulmanes sont nettement plus positifs et que les pratiques patriarcales s'usent graduellement dans certains pays plus avancés. Au lieu de renforcer ces acquis, il installe un contrepoids sous une égide religieuse. Sa particularité c'est le refus de toute approche émancipatrice qui pourrait remettre en cause les croyances de ses militantes. Celles-ci explorent une voie différente, antinomique en contradictions avec des lois et législations qui offrent des droits basés sur des principes universels qui consacrent l'égalité homme/femme.

Faut-il rappeler que les mouvements féministes se sont engagés très tôt dans une critique de la religion qui a été utilisée par les hommes comme un instrument misogyne, sexiste et oppressif » ? Durant des siècles, la religion s'est imposée dans un système patriarcal et aujourd'hui, son influence continue de croitre dans les sociétés musulmanes, opérant même un retour à des règles strictes concernant les femmes. C'est le pourquoi l'interrogation insistante sur les perspectives de ces militantes qui s'emprisonnent dans un schéma peu concluant. Et, quels mécanismes utilisent-elles pour épurer le Coran des interprétations masculines qui l'ont rendue phallocratique ? Et, comment parvenir à changer les mentalités, surtout étant donné que ce féminisme comme l'intersectionnel travaillent à partir de l'occident ? Comment peut-on influencer les sociétés musulmanes de l'extérieur ? Mais, face à des pratiques patriarcales qui sont profondément ancrées dans les coutumes et qui créent des obstacles infranchissables entre les sexes, il est extrêmement difficile de chercher à extraire des droits de la religion.

Peut-on réellement atteindre l'émancipation au sein de l'islam tout en reconnaissant et en respectant des traditions telles que le voile, la polygamie, l'héritage, et la préséance de l'homme ? Cette question soulève la problématique de savoir si ces pratiques limitent les possibilités d'action des femmes, confrontées à des lois coraniques perçues comme immuables. L'objectif ici n'est pas de prendre un point de vue subjectif, mais plutôt de développer une réflexion originale sur l'origine, le contexte et l'institutionnalisation de ce mouvement.

À la fin de l'ouvrage, pour faciliter la lecture et offrir un complément d'information, des notes et des notices biographiques sont intégrées.

II

SE RÉINVENTER LE FÉMINISME

Se réinvente.
S'écrire.
Se réinventer.
S'autoriser.

Bell Hook

2.

LES PREMIÈRES SOCIÉTÉS ISLAMISÉES ont connu des transformations importantes dès les premiers jours de la Révélation. Les hommes ont conservé leur culture d'origine, caractérisée par le patriarcat et la domination masculine, même après avoir adopté une nouvelle religion. L'évolution de cette société a entraîné une détérioration accrue des conditions des femmes reléguées dans la sphère privée.

Aujourd'hui, malgré les avancées technologiques modernes dans les domaines de la recherche et de l'enseignement, les musulmans demeurent largement tributaires des premiers exégètes qui, il y a quatorze siècles, ont assumé la responsabilité d'expliquer le Coran et de codifier la charia. Cette dépendance restreint toute forme de pensée réformatrice, y compris celle d'une figure majeure du féminisme islamiste. La Marocaine Asma Lamrabet : « *On ne peut même plus contester l'interprétation d'un imam ou celle d'un théologien qui a vécu au 8e siècle et qui nous présente une image des femmes de cette époque* ». Selon certaines interprétations masculines, largement appuyées par de nombreux hadiths, fatwas et traditions, Dieu aurait conféré une prééminence à l'homme, établissant ainsi un cadre de mesures religieuses et juridiques qui maintiennent souvent les femmes musulmanes dans une position de désavantage. Ces restrictions sont souvent justifiées par des jugements sur leurs capacités mentales et physiques, ce qui les pousse à réclamer leurs droits civiques et sociopolitiques malgré les contraintes. Leur lutte pour l'égalité remonte même aux premiers temps de la Révélation. Au début du XIXe siècle, des mouvements féminins ont vu le jour dans divers pays tels que le Liban, l'Égypte, la Syrie, l'Irak, la Tunisie et l'Algérie. Ils englobaient à la fois les luttes anticoloniales et les actions réformatrices dans leurs démarches, visant principalement à échapper à l'invisibilité, à l'oubli et à la subordination.

De nos jours, cette réflexion se concentre sur leur corps, qui est devenu un enjeu essentiel dans tous les conflits socioculturels. Les femmes, conscientes de leur situation peu favorable, ont commencé une pénible quête de dignité et de vie. Une étape cruciale a été l'obtention du droit à l'éducation dans de nombreux pays musulmans. La seconde, tout aussi primordiale, vise à « décoloniser » leur pensée vis-à-vis de la suprématie masculine, enracinée depuis des générations. Leurs efforts se sont concentrés depuis longtemps sur la transformation des mentalités et sur l'instauration d'un nouvel ordre social inclusif qui ne tolère plus l'exclusion.

Dans ce livre, je me penche sur le féminisme le plus ambigu en raison de sa relation avec deux paradigmes paradoxaux : le féminisme et l'islamisme, vu par certains experts comme un néo-féminisme. Il se caractérise surtout par la remise en cause du féminisme classique, condamné par son ostracisme, son esprit « colonial » « blanc » « occidental », voire « oppressif ». On lui reproche d'agir en tant que leader en ignorant les disparités de races, d'identités et de religion, ce qui a favorisé la formation de branches radicales qui ne s'y reconnaissent pas en lui. Les féministes provenant de pays qualifiés de « tiers-mondistes » remarquent qu'il est idéologique et les a davantage soumises, car n'ayant pas joué un véritable rôle d'émancipateur.

L'émergence du black féminism cherche à corriger une erreur de trajectoire du traditionnel, qui n'a pu s'adapter à la condition des femmes racisées. Le concept de l'intersectionnel est de rassembler plusieurs sensibilités : lesbiennes, Africaines, handicapées... etc., qui interviennent dans le domaine du racisme, de l'islamophobie ou de l'exclusion. Le féminisme islamiste considère le classique comme « libertin » et l'accuse d'avoir disloqué le tissu social et familial, mais ce dernier rejette également le féminisme dit musulman, car ses militantes s'inscrivent hors du cadre religieux pour revendiquer leurs droits. Tout d'abord, mon intérêt se porte sur l'étude des actions entreprises et du discours des protagonistes de trois mouvements qui ont joué un rôle essentiel dans la constitution de ce corpus. Je me concentrerai donc sur le féminisme traditionnel, le musulman et l'islamiste. Cela me conduira à découvrir deux autres tendances qui se complètent, le féminisme blanc et l'intersectionnel. Toutefois, il faut expliquer la distinction entre le courant islamiste et le musulman, bien qu'ils semblent être identiques, ils sont cependant différents. Les musulmanes œuvrent hors de la religion et ne la considèrent pas comme un émancipateur possible, et se réclament de lois républicaines. Les islamistes sont liées à l'islam politique et sont des militantes qui travaillent à partir de la religion. Elles accordent une grande importance à ses principes et enseignements en cherchant dans le Coran un message d'égalité et de justice sociale. Cependant, elles sont prudentes et n'osent pas s'attaquer aux pratiques patriarcales, qui sont le résultat d'un mélange de coutume/religion. Sarah Zouak est l'une des cofondatrices de l'association Lallab en France, et s'implique dans la défense de ce mouvement en précisant que : « *À travers un féminisme intersectionnel, je lutte contre le sexisme, le racisme, l'islamophobie et tout ce qui nous empêche d'être les femmes que nous voulons devenir*2 ». Ces femmes, souvent étudiantes, membres d'organisations ou universitaires, expriment leurs points de vue depuis l'Occident et articulent leurs arguments en tenant compte de leur réalité migratoire. Leurs revendications diffèrent nettement de celles des militantes vivant dans les pays musulmans, lesquelles sont davantage alignées sur leur condition sociale spécifique. Ainsi, les préoccupations de chacune varient considérablement selon leur situation individuelle, leur lieu de résidence, le niveau d'éducation, les enjeux et les identités, même si elles se réclament toutes du féminisme. Ce mouvement est apparu dans le contexte de l'islam politique, prenant timidement forme dans les années 1980 pour se renforcer au cours des années 1990. Son espace d'émergence est une classe moyenne, instruite et de milieux professionnels3, aussi bien de l'Occident que de l'Orient/Maghreb. Certains l'inscrivent dans la continuité dans la pensée réformiste musulmane (Zahra Ali, 2002, p.23), d'autres dans une rupture systématique, qui rejette aussi bien le féminisme blanc que féminisme musulman laïc. Ce féminisme fait évoluer ses actrices dans l'appartenance à une communauté religieuse. Il tire sa substance du Coran en y recherchant des droits et la justice pour les femmes, et pour les hommes. Cependant, ce mouvement est loin d'offrir une cohésion. Il s'ébauche pluraliste par ses militantes et leurs visées, espaces de contestation (lieux géographiques) et idées fondatrices. Il est élitiste notamment par la présence d'universitaires, et d'intellectuelles, certaines converties à l'islam à l'exemple de l'Afro-Américaine Amina Wadud. Amina Wadud s'inspire d'une méthodologie empruntée au Cultural Studies dans laquelle s'interagissent les sciences religieuses et sociales. Elle consacre le gros de ses travaux à étudier le Coran afin de rétablir cette notion d'égalité dénaturée, et déformée par les herméneutiques misogynes. Dans un contexte différent, les Sisters en islam œuvrent sur le terrain surtout contre la polygamie. Les femmes issues de l'immigration vont concentrer leurs luttes contre une discrimination raciale globale. L'autre dernier groupe est celui des militantes nommées féministes islamistes qui activent de l'intérieur de leurs pays respectifs et certaines de l'occident. Ce qu'il faut retenir ici, c'est une conscience commune qui tire sa substance de la matrice de la religion et une quête de droit à partir du Coran. Valentine Moghadam, explique que le féminisme rejoint le chrétien et le judaïque en s'enracinant dans une perspective religieuse : « *Le féminisme islamique est le premier discours féministe à base théologique à rencontrer un tel écho et à attirer les musulmanes de milieux sociaux divers.* »

3

POURQUOI LA VOIX DES PREMIÈRES DAMES DE L'ISLAM S'EST-ELLE TUE ?

Les premières femmes de l'islam sont peu connues, elles ont disparu et les sources les concernant sont restées silencieuses. Elles font figure de légendes, comme Khadidja, idolâtrée comme Aïcha, la bien-aimée tout comme Fatima, mais d'autres femmes ont simplement été effacées de l'historiographie. Les musulmanes de la péninsule arabique sont d'après la tradition issues de la lignée de Hajar (Agar). Sarah avait offert une jeune esclave au patriarche Abraham (Ibrahim) afin de lui donner un premier fils. Elle n'existe cependant pas, on ne la retrouve pas dans la Bible ni dans le Coran, mais selon les historiens et les islamologues, elle est la mère d'Ismaël dont la filiation nous mène au prophète Mohamed (Mahomet). Sarah la chasse par jalousie et par crainte qu'Ismaël ne puisse un jour hériter avec son frère Isaac né après lui. Hajar traversait le désert, tandis que l'enfant d'Abraham était assis sous un arbre et souffrait de soif. Elle est là, perdue au milieu de nulle part, au début d'un exil difficile et dans la douleur. Son fils sera prophète, mais il ne prendra pas le nom de son père comme Isaac, mais celui de sa mère. Il va engendrer les ismaélites (Genèse 17,19-20). Quant au Coran, il ne fait pas mention que les fils d'Abraham donneront vie à deux nations différentes4. Sur cette terre où autrefois errait Hagar sous le soleil ardent naquit Khadija, son arrière-petite-fille, conformément à la tradition musulmane. Elle deviendra la première épouse du prophète Muhammad et occupera une position prééminente au sein de sa communauté. Khadija fut si chère au cœur du prophète qu'elle ne connaîtra ni la polygamie, ni la discrimination sexiste, ni la réclusion. Pendant vingt ans, elle régna seule dans le cœur de son mari, sans aucune coépouse. Dans les récits qui la dépeignent, elle incarne une symbolique maternelle profonde, une figure de femme qui déploie sa force sans perdre sa féminité, élevée au rang presque divin.

Est-ce sa respectabilité autant que première compagne de l'envoyé de Dieu qui la soustrait aux indiscrétions intimes de sa vie de couple ? Ou est-ce l'âge au moment de son mariage qui lui confère cette stature sacrale ? Ou est-ce tout ce qui la caractérise, l'éloigne de l'idéal qu'on fait des femmes en Islam. Elle est décrite comme forte, déterminée, intelligente, indépendante, commerçante, affectueuse, divorcée et veuve. Selon les exégèses, la tête du prophète cherchait refuge et apaisement sur ses cuisses « maternelles » « *La vérité islamique a tremblé à ses débuts sur les genoux d'une femme* », le « *premier musulman* » *au monde était une femme* » Khadija. Benslama (1988, p.138) l'évoque dans *La nuit brisée*. Certains chroniqueurs avancent l'idée que Khadija s'était attachée à Mohamed en raison de ses qualités et non pas par amour, substituant ainsi l'amour par l'admiration. Cependant, Khadija se distinguait comme une bourgeoise, indépendante financièrement, ayant été deux fois mariée et deux fois libérée [un divorce et un veuvage]. Dans l'esprit musulman, Aïcha est la personne préférée du prophète « l'enfant-savant » par rapport à l'épouse riche et forte.

DU PARADOXE D'AÏCHA : « L'ENFANT SAVANT »

Dans l'historiographie de la Révélation, Aïcha, l'énigme, la passionnelle, l'enfant-épouse, la savante, la juriste, la plus calomniée des épouses du prophète, occupe une position centrale. Elle demeure l'origine de tous les fantasmes, de toutes les dérives, au point que certains pays ont réduit l'âge du mariage des filles à neuf ans. Elle sera considérée comme une référence islamique sur recommandation du Prophète, qui appréciait son intelligence et sa rigueur. Il avait suggéré à sa communauté de trouver chez elle la moitié de leur religion. Aïcha, accompagnant son époux lors d'une expédition, se perd en cherchant un collier qu'il lui avait offert et égaré. Ignorant que la troupe était partie, elle réapparaît au bivouac au milieu de la nuit, escorté par un homme, provoquant des rumeurs d'infidélité. Ali suggère au prophète Mohamed de la répudier, c'est le début du conflit entre Ali et Aïcha, mais Aïcha est innocentée par la révélation du verset coranique « La lumière », qui dément les calomnies contre les femmes pures. Plus tard, Aïcha joue un rôle actif après le décès du troisième calife, Othman, en s'opposant à Ali et en demandant justice pour son meurtre. Soutenue par les compagnons du prophète, elle mène la bataille du chameau, nommée ainsi d'après sa monture, contre Ali. Bien que ce conflit marque la scission entre sunnites et chiites, Ali finit par remporter la bataille, pardonner ses opposants et se réconcilier avec Aïcha. À la suite de cette expérience douloureuse, Aïcha se consacre à l'éducation en fondant des écoles. Elle avait partagé pleinement l'existence de son époux, l'accompagnant dans ses voyages et ses expéditions, participait à des courses, et était considérée comme une grande juriste de l'islam naissant, instruite et érudite. Les chroniqueurs racontent qu'elle possédait une mémoire phénoménale, et avait à elle seule rapporté 2210 hadiths. Si certains aspects de sa vie sont connus d'autres non, comme sa ténacité et sa constante rébellion, intervenante et posant des questions. D'après Boukhari : Aïcha a entendu le prophète dire que « *La prière est annulée par un chien, un âne et une femme (s'ils passent devant un homme qui prie)* ». Elle lui aurait répondu : « *Vous avez fait de nous des chiens 5* ». En prenant la défense d'une femme battue, elle s'est exclamée : « *Je n'ai jamais vu de femmes souffrir autant que les croyantes6* ». Les compagnons de Mohamed avaient une grande estime pour elle. Ils l'interrogeaient souvent sur des questions religieuses mêmes d'ordre sexuel ou lorsqu'ils avaient des doutes sur un quelque chose. Son neveu Urwah Ben Az-Zubair dit à son sujet : « *Je n'ai jamais trouvé quelqu'un d'aussi versé dans la connaissance du Coran, du licite, de l'illicite, de la généalogie et de la poésie arabe.* » Mais, ce qui subsiste aujourd'hui d'Aïcha, ses taches de rousseur, son âge, un éternel fantasme. Elle est loin d'être une référence pour les musulmans qui ne l'évoquent qu'à travers son précoce mariage contesté par de nombreuses recherches.

DEUX FEMMES D'EXCEPTION OUM SALAM ET OUM WARAKA

Le véritable prénom d'Oum Salama était Hind, une femme influente de la haute société, mariée à Abdullah Ben Abdul Assad. Son amour pour lui était si intense qu'elle lui jura fidélité même après sa mort, mais à chaque fois, il lui prenait les mains pour lui souhaiter — en cas de disparition — un époux meilleur que lui. Abdullah Ben Abdul Assad ne se relèvera pas de ses blessures lors de la bataille d'Uhud, qui avait opposé les musulmans aux Quoreichi. Le prophète ainsi que deux de ses compagnons Abou Bakr et Omar vont demander en mariage. Après avoir refusé, prétextant la responsabilité de ses enfants, elle a finalement accepté de devenir la sixième épouse du prophète, âgée de trente ans. Elle est apparue dans l'historiographie par ses positions contre Abou Bakr qui ne tolérait pas que les femmes se risquent à prendre la parole : « *Qui es-tu pour oser te mettre entre l'Envoyé de Dieu et ses épouses ?* Lui avait dit : « *il nous permet de lui parler franchement, ce que nous faisons. Mais si le Messager venait à nous l'interdire, il nous trouverait plus obéissantes envers lui que nous le somme envers toi.* » Oum Salama a pris conscience que le Coran semblait s'adresser exclusivement aux hommes et s'est interrogée sur la raison d'une révélation à prédominance masculine. Cette question marque un moment de prise de conscience parmi les femmes durant les premières années de l'islam. Oum Salama a joué un rôle actif dans de nombreuses batailles majeures aux côtés du prophète, notamment à Bani Mustalaq, Ta'if, Khaybar, Hunayn et lors de la conquête de La Mecque. Elle était également une conseillère politique éminente de son époux, jouant un rôle crucial lors du traité historique d'Al Hudaybia où le serment d'allégeance fut conclu.

Oum Waraqa est la deuxième femme qui mérite une attention particulière. Elle a été nommée imam de son quartier pour diriger la prière, comme le rapporte Abu Dawoud dans un hadith. Ce privilège lui a été accordé par le prophète en raison de sa grande connaissance du Coran. La date de naissance d'Oum Waraqa n'est pas précisée, sa mort s'est révélée être en 641. Selon la tradition musulmane, elle était la première femme imam de l'islam et était en fonction à partir de 624. Selon le professeur et savant renommé Mohamed Hamidullah, qui avait écrit une biographie de Mohamed (Mahomet), Oum Waraqa est restée imam de son quartier tout au long de la vie du Prophète. Elle l'a aussi été pendant la période d'Abu Bakr et a fait partie du Califat d'Umar. Elle est décédée pendant le règne de celui-ci. Mohamed Hamidullah précise que le Prophète avait affecté un muezzin à Umm Waraqa, indispensable pour l'appel de la prière, ce qui confère une dimension plus grande que juste au sein de sa famille. En se basant sur ce hadith, Ibn Hanbal reconnaît qu'une femme peut prendre la tête de la prière. Ce hadith a été confirmé par des exégètes renommés tels que El Kelbi, Abu Ismaël el-Mezni, Tabari et Ibn Taymiya. Certains savants affirment que ce hadith a été annulé, et remplacé par un autre sans pour autant le démontrer. L'étude de l'histoire d'Oum Waraqa a été la plus approfondie, mais cela n'a pas encore tranché la question. Il y a eu des personnes qui ont osé rendre ce hadith faux (ou faible), même si trois des principales écoles juridiques de l'Islam (Hanéfite, chaféite, Hanbalite) confirment son authenticité. En 2006, Ali Jomaa, le grand mufti d'Égypte, a déclaré qu'il n'existait aucun consensus interdisant à une femme de diriger la prière, et que ceux qui acceptent d'être dirigés par une femme sont libres de le faire. Malgré l'importance d'Oum Waraqa dans la littérature islamique, son histoire reste largement absente des récits féminins.

FATIMA LA PROTÉGÉE DE LA POLYGAMIE

Selon Houria Abdelouahed (Presses universitaires, 2012), une Antigone (comparant Fatima à Antigone) qui avait réclamé son héritage et dont le « *désir fut double : se réapproprier la place dans la génération et relancer le fantasme de la petite fille* ». On pourrait aussi souligner qu'entre Fatima, Omar et Abou Baker (les deux compagnons qui se sont emparés du pouvoir après le décès de Mahomet) « *l'enjeu a été celui du phallus qui aurait permis à Fatima de succéder à son père. Si cet héritage lui avait été restitué, il aurait offert une nouvelle voie à l'histoire de la femme en islam, loin de cette position sacrificielle où elle a été plongée* » (Abdelouahed, 2012). Fatima était la fille bien-aimée du prophète, sa protégée, comme l'atteste le récit concernant le remariage d'Ali. Le Prophète Mohamed, un père bienveillant et tendre s'était préoccupé de la santé mentale de Fatima. Il avait prononcé solennellement du haut du minbar de la mosquée ces paroles rapportées par El Boukhari « *les Béni Moughira désirent donner une de leur fille à Ali, je refuse, je refuse, je refuse... ce qui chagrine Fatima, me chagrine aussi. Si Ali veut se remarier, qu'il divorce auparavant ! Ma fille est une partie de moi-même. Ce qui lui fait mal me fait mal et ce qui peut la bouleverser me bouleverse* 8". Les historiens musulmans ne s'intéressent guère à l'existence de ces femmes, à l'exception de Khadija ou Aïcha la pucelle. Cependant, en examinant diverses sources, il est évident que certains sujets étaient presque réglés à l'époque du prophète. Il y avait des illustrations éclairantes sur le refus de la polygamie, la participation des femmes aux affaires politiques, le droit d'être officier comme imam, de choisir elle-même un époux, de faire du commerce (activité externe). Même la question de l'héritage.

4.

Après avoir esquissé le contexte de la condition des femmes durant la révélation, nous aborderons l'émergence du féminisme islamique dans les années quatre-vingt-dix. En Angleterre, la professeure Haleh Afshar, spécialiste des études sur les femmes, le genre et la sexualité, a identifié un nouveau mouvement parmi certaines figures intellectuelles musulmanes qu'elle qualifie de « féminisme islamique ». Margot Badran développe cette théorie en la résumant à deux mots : l'Iran et les années quatre-vingt-dix, un féminisme incarné par des personnalités comme Shahla Sherkat, directrice iranienne de la revue Zanan (Femmes). Selon d'autres scientifiques tels que l'anthropologue iranienne Ziba Mirhosseini, ce féminisme est en accord avec l'émergence de têtes voilées dans l'espace. C'est à cette même période que la militante sud-africaine Shamima Shaikh a employé aussi cette idée, et que la théologienne musulmane afro-américaine Amina Wadud produit un livre essentiel Le Coran et les femmes (Qur'an and Woman) en 1991. Yesim Arat9 a utilisé le terme « féminisme islamique » pour décrire le nouveau paradigme féministe.

Tout pense à croire que ce mouvement a été suggéré par des intellectuelles occidentales10 et que ce sont elles qui l'ont placé dans ce contexte du féminisme. En quête d'une base solide pour soutenir leurs revendications, des musulmanes telles qu'Amina Wadud, Asma Lamrabet, Nadia Yassine, Heba Ezzat Raouf, Azizah Hibri, Asma Barlas, adoptent ouvertement le concept de « féministe ». Cependant, son rejet persiste, car elles le considèrent toujours comme un héritage occidental, à la connotation négative, jugé responsable de tous les maux et nourrissant une confrontation homme/femme, ce qui le rend incompatible avec leurs propres combats.

Ce mouvement ne s'inscrit pas dans une démarche unifiée ou un travail de groupes. Il reste une expérience individuelle, portée par des voix singulières. Certaines militantes ont tenté à plusieurs reprises de le fédérer, en créant des espaces de concertation. Ainsi en 2004, à l'initiative de la Commission Femmes du collectif « Présence musulmane », une conférence intitulée « Musulmanes féministes : du paradoxe à la réalité » a été organisée au Parlement européen. Cet événement a rassemblé plusieurs féministes islamistes françaises et belges, ainsi que le célèbre prédicateur Tarik Ramadan. En 2006, l'UNESCO organisée à son tour, un colloque à Paris sur le thème *« Qu'est-ce que le féminisme musulman ?* » Ensuite, en Espagne, une série de rencontres avait été coordonnée par l'association Junta Islàmica Catalana en 2005-2007, 2008 et 2010. Les féministes islamistes ont pu dépasser les frontières, occuper des espaces publics, les rendre visibles, et être étudiées dans les universités grâce à ces conférences. Parmi les experts qui vont l'accompagner dans son émergence et son implantation dans les milieux médiatiques et élitistes, nous mentionnerons notamment l'historienne Margot Badran, la sociologue Valentine Moghadam et la professeure Haleh Afshar. Elles le voient comme une préservation de l'identité islamique face à la culture occidentale dans laquelle baignent les femmes. Margot se préoccupe beaucoup des musulmanes issues de l'immigration comme Zahra Ali, l'exemple type de ce féminisme islamiste versus occident. Cette dernière s'appuie sur une réinterprétation du Coran, tout en affirmant que le voile est un étendard contre le racisme et le sexisme de l'hégémonie occidentale : « *Les féministes musulmanes proposent une libération qui pose un tout autre rapport au corps et à la sexualité : un rapport marqué par des normes et une sacralisation de l'intime, et par une défense du cadre familial hétérosexuel.* » (Ali, 2012, p. 32.)

Ces militantes y prônent un retour aux sources scripturaires originales de l'islam, et apportent leurs propres commentaires des versets sur lesquels se fonde précisément l'oppression des femmes à l'exemple d'Amina Wadud ou Lelah Bakhtiar — nous y reviendrons sur leurs démarches.

À cet égard, certaines adoptent le féminisme comme une pratique tout en refusant son aspect idéologique, car bien qu'ayant largement contribué à l'avancement des droits des femmes, il porte en lui un projet politique potentiellement prédominant. Néanmoins, les chercheurs qui se sont penchés sur ce mouvement mettent en avant l'idée d'une « lecture féminisée » des textes sacrés, tout en qualifiant le féminisme de concept évolutif. Le discours des militantes est assez singulier, car il évolue selon le caractère des revendications et n'est pas homogène. Certaines féministes islamistes élitistes se concentrent sur la nécessité de revendiquer une position égalitaire au sein de leur société, considérant chaque individu comme une personne à part entière, ce qui est propre à l'Islam sans l'interprétation masculine du Coran, affirment-elles. Elles insistent sur la distinction entre les aspects conjoncturels et universels pour avancer. Les réactions initiales des exégètes et des juristes musulmans étaient des réponses immédiates aux questions spécifiques posées au moment de la révélation, et ces réponses doivent être replacées dans leur contexte historique. Elles critiquent les interprétations erronées faites par les exégètes classiques, qui ont souvent intégré des coutumes patriarcales dans la jurisprudence musulmane (fiqh). Pour remédier à cette situation, ces militantes s'appuient sur l'ijtihad (effort d'interprétation indépendante) et le tafsir (exégèse coranique) en utilisant les outils spécifiques aux sciences humaines. Elles cherchent ainsi à réexaminer et à réinterpréter les textes islamiques à la lumière des principes d'égalité, de justice et de droits universels des individus, écartant les couches de tradition patriarcale qui ont influencé les interprétations précédentes. Mais, comme nous allons le voir, il y a des contrastes et des différences dans l'énoncé même des discours et des actions. Car, une autre catégorie de féministes islamistes s'attache plus à ce qui existe et codifient leurs existences, tentant de trouver des justificatifs à certaines oppressions jugées nécessaires comme le voile, la polygamie, l'héritage, etc. Ce courant en quête d'une légitimité s'appuie sur trois concepts coraniques : insan et almussawa (être humain et égalité) et de l'équilibre (Tawazun). Margot Badran note : « *La notion centrale du féminisme islamique, c'est l'égalité absolue "almusawa" entre tous les êtres humains "insan" comme principe religieux. L'égalité des genres reste un principe de base ; c'est également la condition sine qua non de la justice sociale, autre priorité du mouvement.* » Il est évident que les militantes cherchent un nouveau point de référence pour reformuler leurs approches des textes sacrés, en réorganisant principalement des pensées longtemps dominées par un discours exclusivement masculin et patriarcal. Leur confrontation avec leur propre humanité reflète profondément le malaise qu'elles ressentent. Un titre approprié pour ce chapitre pourrait être « Au commencement, était l'insan (l'être humain) », faisant référence à une persistance question dans les sociétés musulmanes sur la reconnaissance de la femme en tant qu'être humain à part entière. Cette problématique a été au centre de débats intenses entre 2011 et 2016. Par exemple, dans son talk-show « Réflexions », le journaliste saoudien Ahmad Al-Shuqeiry avait diffusé une vidéo provocante posant la question fondamentale : « La femme est-elle un humain ? » Cette question est à nouveau abordée par l'Académie saoudienne en 2015 et en 2016, dans un cycle de conférences. Il y avait une multitude de slogans sur les réseaux sociaux : mot-dièse #femmeêtrehumain, ce qui l'avait obligée à annuler la première rencontre prévue le 1er mars 2016 en raison de la pression. Les réactions hostiles ont été amplifiées par les explications des organisateurs qui ont cherché à clarifier la démarche d'une telle thématique, en mettant l'accent sur le fait, je cite : « *Malheureusement, de nombreuses personnes ont commencé à interpréter l'intitulé en limitant la compréhension au niveau inférieur de la femme — notre mère, épouse, sœur ou fille...* » Si des féministes se sont saisies du mot « insan » (être humain), ce n'est pas coïncidence, car il est largement utilisé dans le Coran comme prélude à leurs travaux avant d'aborder la problématique du genre. Repenser une nouvelle approche de la question humaine fait référence à la considérable disparité dans l'évolution et l'émancipation des femmes à travers le monde, ainsi qu'à leur situation par rapport à la reconnaissance de leurs droits. C'est à partir de ce constat que des militantes islamistes commencent leur action avec le terme « insan ». Il est essentiel de promouvoir l'égalité au sein de la famille et de la société dans un contexte religieux, afin de démanteler l'une des mentalités les plus résistantes qui perpétuent l'idée de l'infériorité des femmes.

Sur les 114 versets, l'une est amplement consacrée aux femmes [sourate Nisaâ] et parle de l'être humain en général, sans précision du sexe. Cependant, la question de l'émancipation de la femme est abordée dans des discussions archaïques et obsolètes. Il aurait été nécessaire de trancher définitivement plusieurs interrogations, en particulier celles qui sont clairement posées dans le Coran. La contrainte de mariage, l'excision, la polygamie, le témoignage, la responsabilité légale et religieuse de la femme, le tuteur, le divorce... etc. Néanmoins, l'accent est mis sur des enjeux provenant de traditions et d'un héritage ancestral. Il n'est pas possible de surmonter les obstacles qui entravent la réalisation d'une véritable égalité entre les deux sexes en limitant tout champ d'action. Selon Omero Marongiu-Perria, un sociologue français spécialisé dans le Coran utilise fréquemment le terme arabe « zwaj » signifie homme/femme ou époux/épouse ; « *L'usage de ce terme a amené certains théologiens musulmans à penser que la personne humaine est indéterminée à la base, mais comme revêtu d'une enveloppe corporelle genrée* » en s'appuyant sur des versets qui stipulent que l'homme et la femme naissent « d'une âme unique13 ».

Le discours de ces militantes commence par l'introduction de la notion de « inssan » pour revendiquer une égalité des sexes, un argumentaire qui peut être mal compris, en mettant en avant une détresse intellectuelle. Sinon comment tenter de ressortir cette notion d'humain à la femme comme si elles doivent imposer l'idée qu'elles sont des êtres humains ?

L'analyse chronologique de la manière dont les musulmanes sont conduites à vivre leur religion dès la révélation met en évidence la domination de l'homme. Elles étaient placées au service de la famille, voire de la société, sous le signe de l'infériorité et de la vertu. Cette responsabilité, soutenue par des hadiths et des instructions, était attribuée à Allah comme s'il avait ajouté un moyen supplémentaire pour opprimer les femmes. Il s'agit d'un système adopté et légalisé où les femmes sont soumises à des violences, subordonnées et désavantagées. Or : selon les discours musulmans, l'islam est présenté comme un outil de libération des femmes. Cependant, en réalité, elles se réduisent à un objet sexuel, un ventre maternel, un diable, une pécheresse, et même une personne dépourvue de religion et d'intelligence. Sa dévalorisation et sa contrainte à l'obéissance masculine deviennent ainsi le fer de lance des actrices du féminisme islamiste, qui émane de l'intérieur de leurs terres. Au regard, des transformations qui ont touché certains de leurs pays, où elles ont eu accès à l'université, à des emplois bien rémunérés, à parvenir à des postes de responsabilités renforcent leur détermination. Il est d'autant ardu d'ambitionner pour changer les mentalités figées depuis des siècles.

5.

La charia telle qu'elle est comprise et appliquée confine la femme dans le monde clos de la sphère domestique dans laquelle l'égalité est hiérarchisée. El Mounqid, le journal du Front islamique de salut14 en Algérie, rappelait sans cesse cette philosophie oppressante : « *le rôle de la femme dans l'éducation des jeunes générations en vue de fonder une famille musulmane et une société saine* ». Dalila Morsly auteure algérienne et docteure en linguistique écrit dans un article : « Être femme au Maghreb et en Méditerranée », pour les islamistes « la femme est mère avant tout. Elle a été créée pour la procréation, mission sacralisée, incontournable, la seule qui confère respect, dignité et qui préserve la féminité15 ». Selon le sociologue Farhad Khosrokhavar si des « *intellectuelles islamistes* » ou « *théologiennes féministes16* » *veulent aller dans ce sens, c'est qu'a priori elles ont trouvé un champ à investir. Mais ne risquent-elles pas justement d'entrer dans un autre débat qui les pousserait à se défaire de certains acquis universels ? Et,* comment devant certains versets qui semblent favorables aux hommes ?

Certaines d'entre elles contestent, cependant, l'idée « de relecture féminine » des textes scripturaux, préférant un regard « académicien » or ; l'intervention de l'universitaire iranien, le Dr Amir-Shahram Kholdi, démontre toute la complexité de cette démarche. Dans « Les droits de vie des femmes et les lectures religieuses et non religieuses du droit de vie ? », il écrit : « L'islam ne reconnaît pas l'égalité sociale entre les hommes et les femmes [...]. Conformément au Coran, les femmes sont inférieures aux hommes [...]. Dans une telle société, la supériorité de l'homme n'est pas une réalité sociale, mais une vérité religieuse17. »

L'islam comme religion patriarcale par sa doctrine et son idéologie s'est constitué sous la primauté du masculin et de sa supériorité. »   Est-ce que ce féminisme est une alternative au conservatisme ou représente-t-il une menace pour les mouvements musulmans laïques ? Certaines femmes le pensent comme un instrument au service du fondamentalisme.

Cependant, nous mettons en évidence que nous ne sommes pas confrontés à « un féminisme islamiste exclusif », mais plutôt à des « féminismes islamistes », un pluralisme qui se manifeste à travers les expériences, les multiples discours et les lieux de revendications mutuels. Mais, est-il concevable de doter le féminisme d'une identité islamique tout en espérant en tirer une option émancipatrice ? Ces référents « idéologiques » ne dénaturent-ils pas l'essence même de ce concept bien ancré dans les mentalités comme un ensemble de mouvements dont l'objectif est d'abolir toute forme d'oppression ? La promotion des droits de la femme dans la sphère publique et privée n'a-t-elle pas commencé par un divorce d'avec la religion ?

III

GENÈSE DU FÉMINISME MUSULMAN

> *La Ligue (la Ligue arabe) dont vous avez signé le pacte hier n'est qu'une moitié de Ligue, la Ligue de la moitié du peuple arabe.*
>
> Huda Shaarawi

6.

DE NOMBREUSES MUSULMANES REFUSENT le générique « féminisme », car il est associé à une classe bourgeoise, blanche et coloniale. Elles ne savent pas que les femmes ont lutté dans leurs propres sociétés grâce à des militantes qui ont émergé en même temps que les féministes occidentales. Les premières générations des féministes ont réclamé des lois dans une quête d'égalité, d'émancipation, qu'elles soient libérées de toute forme d'oppression sociale, religieuse et patriarcale. La conception universelle de leurs droits était évidente dans leurs discours, sans distinction de race, de couleur, de classe, de position et d'éducation. Or, dans cette nouvelle mobilisation, nous sommes face à une logique de biffure de cet héritage, dans une rupture consommée. Chahla Chafiq souligne cette « racisation » du féminisme : *« Mais, lorsqu'on parle de féminisme musulman et/ou islamique, on essentialise le fait d'être musulman avant tout. On en fait une identité globale, comme s'il n'existait qu'une seule façon d'être musulman, une seule façon de pratiquer l'islam18. »*

Certains observateurs notent que ce néo-féminisme a réussi à libérer une voix longtemps réprimée en raison d'une lecture discriminatoire du Coran. Pourtant, une parole musulmane, féminine, progressiste et laïque avait déjà émergé par le passé et toujours audible aujourd'hui. Cela peut être vu comme une réappropriation d'un combat mené depuis des décennies par des musulmanes, que ce soit individuellement ou à travers des associations. Ce nouveau courant se présente comme innovateur et trace son propre chemin. Il est crucial d'explorer l'historique de tous les mouvements issus des pays musulmans afin de contextualiser les luttes à leur origine même si l'islam comme dénominateur commun. Il y a eu une conscience féminine qui s'est développée précocement en Palestine, Liban, Égypte, Turquie, Iran, Tunisie, Algérie, parallèlement au féminisme européen et américain dont les premières revendications portaient sur leur participation politique comme le droit au suffrage universel. Kumari Jayawerdena19 reconstitue la genèse des mouvements pour l'émancipation des femmes en Asie et au Moyen-Orient à partir du XIXe siècle aux années 1980. Elle démontre que le féminisme qui s'est déployé en Égypte, Turquie, Iran, Inde, Sri Lanka n'était pas une idéologie étrangère imposée aux pays du tiers-monde. Elle soutient ainsi que les discours des femmes arabes diffèrent de ceux des Occidentales et ne sont pas de simples prolongements de celui-ci. Margot Badran distingue le féminisme invisible du féminisme visible, en remontant l'origine du féminisme musulman et arabe au XIXe siècle par exemple. C'est un discours de l'espace qui se traduit par une prise de conscience des femmes comme groupe social impliqué dans des situations défavorables qu'il faut transformer. La notion de féminisme a été introduite en Égypte vers 1909 par Malak Hifni Nasif, agissant sous le pseudonyme de Bahitat el-Badiya (chercheuse de la campagne). À travers une série d'articles intitulée Al-Nisaiyat (dérivé de « nissa » (femmes). Elle critiquait l'oppression et la soumission des femmes. Selon Nawar Al-Hassan Golley, le féminisme arabe et musulman a traversé trois phases principales. La première est qualifiée « d'invisible » par Margot Badran, et ne se manifestait pas explicitement, mais représentait un réveil des femmes en tant que groupe social luttant contre leurs conditions dégradantes.

Les salons privés littéraires et l'intérieur des harems ont été le théâtre de cette prise de conscience basée sur une révolte contre le patriarcat entre 1860 et 1920, notamment en Égypte, Syrie et Liban. La circulation d'un ensemble de poèmes et de fictions écrits par des femmes appartenant aux classes bourgeoise et aristocratique a marqué cette période. Ensuite, la seconde vague, qui s'étend de 1920 à 1969, se concentre davantage sur le nationalisme face à la colonisation, où les mouvements féminins devenus publics vont jouer un rôle politique crucial dans la lutte pour les indépendances. Finalement, de 1970 à nos jours, il y'a une résurgence à la fois du féminisme et du fondamentalisme, qui peut expliquer cette quatrième phase, celle de l'avènement du féminisme islamique. Pour évoquer la naissance de cette conscience féminine dans le monde arabe et musulman, il faut souligner l'apport d'Aïcha Taymour [ou Al-Taymûriya], une figure emblématique du féminisme arabe. Elle a marqué la vie sociale et littéraire des années 1870 et 1880 en produisant une œuvre audacieuse intitulée « Miroir de la contemplation dans la situation ». Son analyse des relations tendues entre hommes et femmes dans le cadre du mariage révèle une sensibilité féministe remarquable ainsi qu'une grande perspicacité. Elle examine les raisons en se basant sur une déconstruction scientifique et rigoureuse des passages du Coran, anticipant de soixante-dix ans l'émergence des militantes islamistes. Elle a discerné la source du problème qui affecte les sociétés arabo-musulmanes : l'interprétation littérale et masculine du Coran.

Ainsi, Aicha Taymour avait déjà critiqué les sourates prises à la lettre par les théologiens à la fin du dix-neuvième siècle, en évoquant « la préséance » de l'homme, sur laquelle repose toute une idéologie discriminatoire. Les hommes sont considérés comme qayâmûn » (supérieurs) par Allah sur les femmes en raison des faveurs qu'Allah leur accorde et des dépenses qu'ils font de leurs biens » (4 : 34). Selon Aïcha Taymour, la « Quiwama » n'est ni une obligation permanente ni un droit absolu de l'homme, mais plutôt conditionné par le fait qu'en tant que chef de famille, il doit assumer les responsabilités financières des siens. Cependant, il est possible que la « Quiwama » soit transférée à la femme, si celle-ci prend en charge sa famille. Il est ainsi évident qu'il y a quelques décennies, une musulmane s'est engagée à remettre en question l'interprétation du verset, qui infère les femmes aux hommes. Cette période a permis l'émergence de voix favorables à l'émancipation des femmes, comme celle de Qâsim Amîn qui publie en 1900 : La Libération des femmes.

D'autres événements vont progressivement transformer les choses. En Égypte, la première étudiante admise à l'université en 1929 et le dévoilement public de Huda Shaârâwi en 1923 se traduisent par l'apparition d'une conscience féministe. Elle était cautionnée par des personnalités emblématiques telles que Huda Shaârâwi, Safia Zaghloui, Cesa Nabaraoui et Nabaouia Moussa par exemple. Dans le monde musulman, elles ont eu une influence considérable sur la pensée féministe, des périodiques sont créés dans le sillage de ces mouvements et vont se préoccuper des droits féminins. En 1908 le magazine Dânesh (savoir) est publié par Mariam Amid, également connue sous le nom de Mozayan-Al-Saltaneh, la première journaliste iranienne à avoir commencé ses activités en 1911. Le second s'intitule Shekoufeh (bourgeon) paru en 1912, centré sur les droits politiques, le droit à l'instruction, l'espace privé et la famille. En 1956, le magazine féministe Bint al Nil est né grâce à l'Égyptienne de Doria Shafik et la liste est loin d'être exhaustive. Voici, chronologiquement des événements qui ont contribué à rendre leurs voix plus visibles.

1911 : LES FEMMES CONSTITUTIONNELLES EN IRAN

Les femmes ont été au cœur de multiples courants sociopolitiques tout au long de l'histoire récente de l'Iran, les propulsant sur la scène publique à plusieurs reprises. Elles se sont distinguées lors de la révolution constitutionnelle de 1906, qui avait opposé le règne dictatorial des shahs Qadjar, leur donnant ainsi l'occasion d'y prendre part de manière directe et indirecte. La situation de l'épouse de Haydar Khan Tabrizi, un membre fondateur du Parti communiste de Perse, était particulièrement intéressante, car elle était armée et protégeait les orateurs constitutionnalistes. Mme Jahanguir a eu le courage d'interdire la circulation à la voiture du roi Mozaffar — eddin afin de le presser de ratifier la constitution. Le parlement à Téhéran a remplacé une monarchie âgée de trois millénaires à la suite de cette révolution. D'autres femmes ont créé des associations secrètes comme [Anjoman ha-ye serri] et [Anjoman ha-ye nesvan] Anjoman désigne une organisation politique durant cette époque ou un espace qui leur a permis de débattre entre elles de leurs droits. Et, de les revendiquer par des démarches comme des manifestations dans la rue. Cette période a vu la naissance de deux revues féminines à Téhéran, la première, en 1908 sous le titre Dânesh (savoir) initié par Mariam Amid, connue sous le nom de Mozayan-Al-Saltaneh, la première journaliste iranienne à avoir commencé ses activités en 1911. La deuxième Shekoufeh (bourgeon) en 1912 était centrée sur les droits politiques, le droit à l'instruction, l'espace privé et la famille. Elles ont rencontré des résistances de la part des députés issus majoritairement du clergé. Azadeh Kian-Thiébaut revient sur le harcèlement que subirent ces femmes : « Accusées de propagande antireligieuse, plusieurs d'entre elles étaient emprisonnées ou contraintes à l'exil et ont vu leurs locaux attaqués et incendiés par les obscurantistes20 », mais, même menacées, elles ont continué leur combat, réussissant à unifier leurs actions. Cependant, soutient Thiébaut : « Mais la réalisation des promesses de la modernité était entravée par plusieurs facteurs. En premier lieu les pratiques sociales et familiales, la hiérarchie de genre au sein de la famille, les stratégies et les rapports matrimoniaux puis, les politiques de l'État moderne qui incarnaient l'ordre patriarcal21. » Ainsi, en dépit de leur contribution à cet effort révolutionnaire, adhérant à la coalition des constitutionnalistes (juifs, bahaïs, Arméniens, musulmans… etc.), elles étaient maintenues après la proclamation de la constitution en 1906 sous le coup des lois issues de la charia. C'est sous le règne des Pahlavi que des améliorations considérables à leurs conditions sont observées, divorce, l'âge légal du mariage repoussé à 15 ans, le droit à l'éducation.

En 1967, d'autres changements dans la législation renforcent la position des femmes en Iran, tels que l'attribution des droits politiques par le Shah Reza. Cependant, cela ne leur donne pas autant de liberté, le féminisme d'État a simplement entravé la formation de l'identité sociale des femmes. Par la suite, les Iraniennes ont participé au mouvement national de 1952, à la révolution islamique de 1979 et aux réformes de 1998 à 2006. À partir des années 1920, au Moyen-Orient, une contestation à tous les niveaux ébranle une classe intellectuelle et bourgeoise. Cette période tumultueuse est marquée par des révoltes et des revendications qui secouent la Syrie, le Liban et l'Égypte, consécutivement à l'instauration du Mandat français confié par la Société des Nations (aujourd'hui l'ONU).

Les droits des femmes sont étroitement liés à un nationalisme ambiant qui s'entremêle avec les luttes d'autodétermination de ces régions. Au début du XXe siècle, une conscience féministe libanaise et syrienne s'éveille dans un contexte favorable aux contestations. Elle est créée par des femmes intellectuelles, instruites, autonomes financièrement, veuves et célibataires appartenant à la bourgeoisie. Des salons littéraires sont animés par des journalistes, des écrivaines et des poétesses, qui vont rédiger des articles dans des périodiques tels que May Ziadé, Marie Ajamî, Esther Moyal, Ulia al-Dimishqiyya, Nazik al-Âbid. Zainab Fawwaz, sous le pseudonyme de Durrat al-Shark [Perle de l'Est] collaborait au magazine Al-Nil, signant des chroniques sur des sujets sociaux touchants aux droits des femmes. L'accès à l'éducation a été l'une de leurs premières revendications, avec le suffrage universel. Quand les Françaises reçoivent le droit de vote en 1944, après la Seconde Guerre mondiale, les femmes turques pratiquent ce droit politique depuis une décennie déjà. La France est également critiquée lors du Congrès suffragiste international qui se tient à Istanbul en avril 1935. Les Égyptiennes l'obtiennent en 1956 grâce à Doria Shafik, fondatrice du magazine Bint al Nil [La fille du Nil]. En février 1951, à la tête d'un cortège de 1500 compatriotes, elle avait envahi le Parlement égyptien pour réclamer des réformes.

1920 : FÉMINISME SYRIEN ET LIBANAIS DE L'INVISIBLE AU VISIBLE

Nazik al-Âbid, née en 1898 dans une famille aristocratique et aisée liée à la cour du Sultan Abdülhamid II, a vécu une enfance privilégiée, mais consciente des injustices et des conditions difficiles des femmes. Sa vie a pris un tournant décisif lorsqu'elle participa armée à la bataille de Maysoun en 1920, où elle fut miraculeusement la seule survivante parmi les nationalistes syriens, lui valant le surnom de « Jeanne d'Arc Arabe » par les Français. Exilée par la suite, elle revint un an plus tard pour rejoindre la résistance clandestine contre le gouvernement français. En 1922, elle créa avec des militantes libanaises et syriennes l'Union des femmes et en 1927, *l'Éveil des femmes de Damas.* Ces organisations caritatives, telles que Akhawat al-Mahabba fondée en 1847 par des dames libanaises, ont contribué au développement du mouvement féminin en établissant des hôpitaux et des écoles pour filles à Damas et dans d'autres villes syriennes. Nazik al-Âbid a consacré sa vie au militantisme, notamment en luttant pour l'émancipation des femmes. Vers l'âge de 40 ans, Nazik al-Âbid épouse Muhammad Jamil Bayhum, un homme politique qui soutient son combat pour le droit de vote des femmes et l'assiste dans la traduction d'ouvrages féministes. Cependant, son engagement féministe et nationaliste lui vaut d'être régulièrement exilée par les autorités ottomanes puis françaises, résidant tour à tour en Égypte, à Istanbul, au Liban et en Jordanie. Son activisme en Syrie s'inscrit dans le mouvement général qui traverse le Moyen-Orient après 1900. Dès les années 1920, les salons des femmes s'ouvrent à des débats, des lectures et des confrontations d'idées. Ces lieux d'échange ont largement contribué à l'émancipation sociale en brisant des tabous tels que la mixité.

Mary Ajamy est une figure essentielle de ce mouvement en tant qu'écrivaine et fondatrice du premier journal féminin de Syrie, *al-Arûs* (la mariée). À partir de 1922, elle préside le cercle littéraire Al-rabita Al-Adabiyya (le Cercle arabe) où son hôtel particulier à Bab Touma, quartier chrétien de Damas, devient un lieu d'échanges pour nationalistes, poètes et romanciers. Une autre personnalité marquante du début du XXe siècle est May Ziadé, écrivaine et poète, célèbre pour son salon littéraire qui se tenait dans la maison de son père. Ce salon attirait des intellectuels de divers horizons, parmi lesquels le cheikh Ismaïl Sabri, l'archevêque Darién, ainsi que des auteurs de renom tels que le prix Nobel égyptien Taha Hussein, Khalil Moutran et Yaoub Sarrouf. May Ziadé a dédié sa vie à la cause des femmes arabes à travers ses écrits et ses actions, plaidant ardemment pour l'éducation des filles et la libération des femmes de l'esclavage et de l'ignorance. Elle a insisté sur le fait que l'égalité ne devrait pas effacer la féminité, mais coexister de manière équilibrée. Son combat principal fut l'abolition du voile, qu'elle considérait comme un obstacle au progrès et à la liberté. Ses poèmes continuent de résonner aujourd'hui, exprimant un désir de libération non seulement personnel, mais aussi universel : *« Homme, tu m'as humiliée et tu as été humilié, libère-moi pour être libre, libère-moi pour libérer l'humanité »*.

1923 — 1924 : ÉGYPTE ET TUNISIE, LA BATAILLE DU VOILE

La femme la plus connue de cette période est la très influente Égyptienne Huda Shaârâwi, qui a joué un rôle majeur dans les luttes féminines. Elle a fait preuve d'une véritable expertise dans le domaine des droits de la femme en Afrique. Elle conciliait le nationalisme (en opposition au colonialisme) et le féminisme (en opposition au patriarcat). Elle s'est battue pour l'égalité, le voile et l'éducation des filles. Elle a notamment obtenu que les filles ne se marient pas avant l'âge de seize ans et qu'elles puissent étudier. En 1919, elle fonde la « Nouvelle Société de la femme » pour lutter contre l'analphabétisme. En 1923, elle crée « l'Union féminine égyptienne ». C'est en retirant son niqab en compagnie de Ceza Nabaoui en 1923, après leur retour d'un congrès à Rome, marquant ainsi un acte de féminisme explicite. Ce geste s'est déroulé à la gare du Caire, devant une foule de femmes venues les accueillir, qui n'ont pas manqué de les applaudir chaleureusement en les imitant. De ce fait, va commencer progressivement le dévoilement des musulmanes, au Moyen-Orient dans les années 30, au Soudan et au Maghreb entre 1950 et 1960, et enfin, dans la péninsule arabique entre 1970 et 1980, à l'exception de l'Arabie Saoudite. En 1856, la Tunisie a connu un élan intellectuel en faveur des droits des femmes, initié par Khair-Eddine, réformiste et ministre tunisien, qui prônait l'instruction des femmes et une modernisation politique harmonisant les apports occidentaux avec l'Islam. Dans les années 1930, Tahar Haddad a milité pour l'égalité totale entre hommes et femmes, incluant la question de l'héritage. À l'indépendance en 1956, le premier président Habib Bourguiba a introduit dans le Code du statut personnel (CSP) des réformes révolutionnaires telles que l'interdiction de la polygamie. Ce code, fruit d'un débat animé dans la société et dans les journaux entre 1930 et 1955, reflétait les revendications des Tunisiennes et marquait une tendance moderniste. Les féministes tunisiennes, parmi lesquelles des activistes associées à d'autres militantes, ont joué un rôle central dans ce mouvement pour la réforme des lois concernant les femmes.

1940 — 2019 : FÉMINISTES ALGÉRIENNES FACE AUX INÉGALITÉS

Le Maroc, Tunisie et Algérie ont connu une émergence d'une conscience politique féminine liée aux mouvements nationalistes, au début de manière assez timide. Des campagnes d'alphabétisation des filles ont été menées par les quelques associations féminines créées dans les années 1940. À l'époque, Anissa Boumediene, institutrice et présidente de l'organisation « La jeune fille Arabe algérienne », affiliée à l'Union démocratique du manifeste algérien, avait défendu le droit des femmes à l'instruction en les interpellant : « Il ne dépend pas uniquement de toi, mais il dépend d'abord de toi d'échapper à la situation inférieure qui t'est faite [...] puisque tu as compris que la musulmane véritablement fidèle aux préceptes de sa religion n'est pas celle qui accepte de croupir dans l'ignorance. Celle-là ignore ses devoirs et s'écarte du livre de Dieu. » Des formations politiques ont mis en place des sections féminines au sein de leurs structures. En 1944, le Parti communiste algérien (PCA) crée l'Union des Femmes d'Algérie (UFA), celui du peuple algérien (PPA), permettant à ses militantes de se rassembler en AFMA

(Association des femmes musulmanes d'Algérie) pour servir l'objectif de l'indépendance de l'Algérie comme le témoigne Fatima Benosmane-Zekkal, une de ses fondatrices : « *Pour nous, la seule issue était la libération de notre pays, rien ne pouvait se faire sans le préalable de cette indépendance.* » Elles exploitent les lieux réservés aux femmes (mariages, circoncisions ou fêtes religieuses) pour faire la propagande nationaliste et enseigner aux femmes les anachid [chants patriotiques].

La situation des femmes s'est dégradée après l'indépendance, comme l'écrit l'historien français Jean-Pierre Filiu dans son article sur la « *dépossession des militantes opérée par le FLN en 1962* ». En 1984, l'État algérien a promulgué un Code de la famille qui a immédiatement institué la minorité des femmes en les plaçant sous tutelle masculine, les privant ainsi de leur liberté de choix. Cette législation a marqué un recul significatif dans leurs droits et leur reconnaissance, rendant leurs luttes moins visibles jusqu'à cet événement catastrophique. Par la suite, leurs mouvements se sont intensifiés avec la création de plusieurs associations dont l'objectif principal était l'abolition du Code de la famille.

Ce féminisme continue de progresser malgré les défis d'une mentalité sociétale empreinte de pensées obscurantistes et renforçant les disparités. Il se distingue par son attachement aux symboles révolutionnaires de 1954 (date à laquelle la guerre d'indépendance de l'Algérie a commencé), ce qui crée une transmission intergénérationnelle, comme l'explique l'écrivaine algérienne Habiba Djahnine : « *Quand on discute entre nous, on se rend compte de la présence forte des mères et des grands-mères dans notre itinéraire. Si nous sommes devenues féministes, c'est parce que nous avons bien compris les revendications de ces dernières. Nous avons bien compris ce qui leur manquait et ce qu'elles ont porté comme frustrations, comme poids et comme besoins de changement.* »

Les féministes algériennes actuelles se sont forgé une réputation en combattant les lois étatiques qui les infériorisent, en luttant contre l'intégrisme islamiste, responsable de cette page sombre du pays. Elles démontrent que leur orientation n'est pas minoritaire ni déconnectée des réalités et valeurs algériennes. L'exemple vient de leur lutte contre l'intégrisme religieux durant les années quatre-vingt — dix qui a plongé l'Algérie dans un bain de sang. Plus récent, nous avons les manifestations appelées Hirak en 2019 contre un énième mandat du président Bouteflika qui a permis aux femmes d'occuper une place en revendiquant leurs droits sous le slogan « *Pas d'Algérie libre et démocratique sans liberté des femmes* » en optant par un rassemblement au sein du Mouvement national des féministes algériennes (MNFA), crée en juin 2019.

On peut structurer le féminisme algérien depuis les années 80, selon le champ d'action de ses protagonistes. Il y a cet élan né au lendemain de l'instauration du code de la famille et qui demeure dans son combat actuel contre les lois inégalitaires. Ce mouvement est aussi subdivisé en deux groupes, les radicalisées qui œuvrent pour l'abrogation de toutes les législations discriminatoires envers les femmes. Les culturalistes ont pour but la transformation des idées idéologiques et elles investissent l'école comme terreau propice à une rééducation à la citoyenneté future. Puis, nous avons les réformistes qui pensent que le Code de la famille peut être modifié de l'intérieur. Les féministes algériennes, Aouiche Bakhti, Habiba Dahnine, Ourida Chouaki, Khalida Messaoudi, Louisa Hanoun, Aïcha Benabdelmoumen, Soumia Salhi, Fatima Oussedik se distinguent dans leur approche globalisante vers la suppression des lois civiles et de tout système législatif, qui ne sont pas favorable aux femmes. Elles agissent dans un cadre républicain, sans connotation religieuse ni islamiste.

V

FÉMINISTES ET VOILÉES, QUI SONT-ELLES ?

> *L'enjeu ? La libération ? Le refus de l'assignation aux normes comme mode d'être femme. Réentendre la voix des femmes, c'est malmener les normes.*
>
> Fabienne Brugère

7.

SHAHLA SHERKAT

LA QUESTION DE SAVOIR S'IL EXISTE une contradiction entre le féminisme et l'islam est complexe et suscite un débat parmi les spécialistes, les activistes et les théoriciens. Certains estiment qu'il n'est pas compatible avec l'islam, arguant que les principes fondamentaux de cette religion, tels que la justice et l'égalité des sexes, ne peuvent pas être interprétés de manière à soutenir pleinement les droits des femmes. Les études dans ce domaine sont nombreuses et ouvrent de nouvelles perspectives de recherche. Toutefois, les traditions culturelles jouent un rôle central dans les démarches des féministes islamiques, pour qui l'identité constitue une pierre angulaire autour de laquelle s'articulent leurs revendications. L'interprétation des textes religieux, comme nous allons le voir dans ce corpus, dépend largement des actrices de ces mouvements, diversifiées par leurs protagonistes et leurs discours. Ces interprétations sont influencées par les contextes religieux, culturels et sociaux spécifiques ainsi que par les lieux d'où émanent ces discours.

Avant d'approfondir ce sujet, nous mettrons en lumière les principales figures et les discours des actrices de ces mouvements. En effet, le succès rapide de ce mouvement, associé au nom de l'Iranienne Shahla Sherkat, allait inspirer d'autres femmes qui s'y projettent et s'y expriment pour faire valoir leurs idées. La République islamique d'Iran, un pays plein de paradoxes, est depuis longtemps le théâtre d'une concentration d'intérêts, en particulier après la Révolution de 1979, grâce à une série de théories à l'échelle mondiale. Certainement, le gros des griefs contre lui demeure la condition féminine, depuis, l'avènement de la République islamique ne cesse de se poser comme une question critique et controversée.

Les révolutionnaires ont aboli toutes les lois laïques pour instaurer la charia. Leurs premières retombées sont le rabaissement du mariage des filles à neuf ans, la dépénalisation de la pédophilie, le port obligatoire du voile à partir de neuf ans également, qui était abrogé en 1935 sous Reza Shah. Le droit du divorce sera exclusivement masculin, et la femme est déclarée inapte à gérer sa vie. De cette façon, nous situons cette période où Shahla Sherkat va apparaître sur la scène publique en 1979, participant activement à la révolution et à ses réformes.

Elle est perçue comme une figure majeure du féminisme iranien, car elle se définit comme une féministe religieusement correcte, qui ne peut imaginer une émancipation de la femme en dehors de l'islam. Si des femmes d'Iran expriment leur déception en raison de règles discriminatoires, Shahla Sherkat affirme plutôt que « *Comme le feu sous la cendre, ces mêmes femmes simples, ordinaires, qui étaient ignorées par les intellectuelles à l'époque du shah, ce sont elles qui, aujourd'hui, représentent le mouvement* » [CNRS éditions, 2009]. À la suggestion de l'imam Khomeiny qui demande la création d'une presse féminine pour porter les couleurs de la révolution islamique, elle va fonder le magazine Zanân [Femmes] en 1992. Avant cette date, Shahla Sherkat était aux commandes comme rédactrice en chef des deux mensuels féminins conservateurs, Le chemin de Zeynab comme directrice par intérim et Zan e Rouz [La Femme aujourd'hui].

De 2008 à 2014, principalement sous la présidence Ahmadinejad, Zanân sera interdit de paraître, puis de nouveau en 2015, accusé de propager des idées contraires aux principes islamiques. Selon Shahla Sherkat (2009), Zanân « *entend combattre l'oppression des femmes et propose un espace de dialogue entre féministes islamiques et séculières* ». La revue avait traité, dans une série d'articles, de la question des lois qui renforcent la domination masculine au sein de la famille et le partage des responsabilités. Sherkat avait mis l'accent sur le fait que les femmes peuvent prendre des directions religieuses, juridiques et politiques de la société, le Coran ne l'empêche point et n'introduit pas des garde-fous par rapport à cela. Shahla Sherkat est née en 1956 à Isfahan.

Après l'âge de onze ans, elle déménage avec ses parents à Téhéran où elle fait ses études primaires et secondaires, jusqu'à s'inscrire à l'université dans le domaine de la psychologie. En 2002, elle obtient un diplôme de journalisme de l'institut Keyhan [Téhéran], puis une maîtrise en études féminines de l'université Allameh Tabatabai.

Cependant, des Iraniennes ne s'y reconnaissent pas dans ce « féminisme islamiste » comme Shahla Sherkat. Elle rejette la terminologie de féministe islamiste et elle ne s'engagera pas sur des questions délicates comme le mariage temporaire des fillettes, l'un des fléaux qui détruisent la santé, l'intégrité et la vie des fillettes et des femmes. Le fait de revendiquer des droits à partir de la religion ne concorde pas avec l'opinion de sa compatriote l'écrivaine et sociologue exilée en France Chahla Chafiq, qui refuse cette combinaison « islamiste » et « féminisme ». *« Associer le féminisme et l'islam revient à emprisonner les femmes dans l'idée que leur avenir se trouve dans la religion »*. Elle poursuit : *« Dans un contexte de répression totalitaire et religieuse, la stratégie du féminisme musulman peut permettre de faire un pas dans l'avancée des droits des femmes. Mais l'accession à une citoyenneté féminine libre et autonome ne peut s'articuler au religieux23. »*

AMINA WADUD

L'une des figures les plus importantes de ce mouvement est l'Afro-Américaine Amina Wadud, née et élevée aux États-Unis, à la même époque que Shahla Sherkat. En 1970, elle décide de se convertir à l'islam, la religion de ses ancêtres, mais ce qu'elle y découvre bouleverse ses prévisions. Elle se rend compte de la dégradation, de l'oppression et de l'infériorisation de la femme, ce qui la pousse à approfondir ses recherches dans le Coran. Le produit final est un livre intitulé : « Qur'an and Woman: Rereading the Sacred Text from a Woman's Perspective » [Le Coran et les Femmes : Relire les textes sacrés à partir d'une Perspective féminine] : « *J'ai appris l'islam à travers le Coran et, lorsque j'ai vu autour de moi la praxis de cette religion pour les femmes, je me suis dit que ce n'était pas pour moi. J'ai entrepris des recherches24.* » Comme méthodologie, elle opte pour une pratique élaborée par les Women's Studies25 en basant son étude du livre saint sur la notion du « genre » pour ressortir les principes d'égalité. Elle conclut à la même manière que d'autres réformatrices qui ont décidé d'épurer le Coran de son interprétation patriarcale et des idées de supériorité masculine.

Dans les années soixante-dix, les féministes ont introduit le concept de patriarcat afin de désigner un système social oppressif et totalitaire envers les femmes. Nous avons observé la façon dont Amina Wadud interagissait avec sa propre expérience dans l'islam. Et, comment Asma Barlas rejette-t-elle les discours sexistes présents dans la jurisprudence musulmane ? Elle donne la définition ci-dessous : « *Le patriarcat est un mode de domination historiquement spécifique du père qui, dans ses formes religieuses et traditionnelles, assume un continuum, tant réel que symbolique entre le "père/père". C'est-à-dire entre une vision patriarcale de Dieu en tant que père/homme et une théorie du droit du père, étendre à la prétention du mari de dominer sa femme et ses enfants.* »

Cependant, sur le terrain, il reste la notion la plus abusive envers les femmes. Il est donc justifié dans leur approche de lutte contre les discriminations, le sexisme et l'injustice. En réalité, le patriarcat trouve son ancrage dans l'Ancien Testament et fait référence à la proportion du territoire placé sous la juridiction du chef de famille. On le retrouve dans les églises grecques ou orientales non catholiques, qui le perçoivent comme un élément essentiel de la dignité humaine. Il s'agit d'une charpente sociale où l'individu préside le pouvoir politique, économique, religieux ou joue le rôle principal au sein de la famille.

Selon Amina Wadud, l'islam est considéré comme très patriarcal dans sa structure initiale : « *Il y a des aspects de l'articulation coranique qui corroborent le patriarcat contemporain* » Barlas, 2002), mais, elle soutient que celui-ci ne fait pas partie de l'universalité de l'islam : « Je pense au contraire que c'est un déplacement fonctionnel, qui a permis à l'islam d'entrer dans le cadre de son temps26 ». Dans cette suite d'idée, elle ajoute : « *que les femmes et les hommes ont les mêmes droits et obligations sur niveau éthico-religieux et ont des responsabilités tout aussi importantes sur le plan social et fonctionnel27*. Amina Wadud se présente comme une : « femme profoi et proféministe », refusant au départ d'être considérée comme une féministe islamique, elle finit par l'accepter, car cela lui permet d'être comprise (Badran, 2012). Elle précise toutefois : « *Quant à la notion de féminisme, elle est ambiguë, car très connotée. Il y a d'ailleurs des mouvements musulmans athées, et cela me paraît très bien. Mais nous, on se place dans une perspective religieuse, on cherche la complémentarité avec l'homme, pas le conflit28* ».

ESSMA LAMRABET

Le féminisme islamique se développe progressivement, à mesure que d'autres intellectuelles s'y ajoutent, telles que la Marocaine Asma Lamrabet. Originaire de Rabat, elle est née en 1961 dans une famille libérale. Son père, un musulman non pratiquant, appartenant à la gauche progressiste, était conservateur. Après avoir fréquenté une école privée catholique, elle va étudier la médecine et faire huit ans de bénévolat en Espagne, au Mexique et au Chili. Elle y fait la découverte de la théologie catholique de la libération, ce qui la pousse à se questionner sur sa religion personnelle. Elle est de retour au Maroc en 2004, elle va créer un groupe de femmes chargé d'entreprendre des recherches sur les textes sacrés. Elle émerge dans le paysage du féminisme vers 2004. Dépourvue d'une formation en sciences religieuses formelle, elle acquiert ses connaissances sur le terrain et devient présidente du conseil d'administration du collectif international d'études et de réflexion sur les femmes en Islam (GIERFI) établi à Barcelone en 2008.

Asma Lamrabet incarne le renouveau féminin en Islam en s'engageant activement sur la scène publique. Elle anime des débats au sein des instances et des assemblées dédiées au féminisme islamique, ainsi que dans les communautés musulmanes en Occident. Elle souligne l'importance de l'implication des femmes dans la revendication de leurs droits motivées par leur foi et leur profonde conviction : « *pleinement conscientes du fait que le message spirituel de l'islam est un message libérateur qui transcende toute hiérarchie basée sur le genre, la race ou la classe sociale* ». En 2011, elle gère une institution influente, le Centre des études féminines en Islam de la Rabita Mohammadia des oulémas du Maroc. Elle s'exprime principalement en français, mais utilise également l'espagnol pour la rédaction des articles et est traduite dans d'autres langues européennes. Comme Amina Wadud, elle a une approche élitiste de ses démarches et refuse notamment d'agir en dehors de la religion qui reste son port d'attache. Elle critique les propos à connotation coloniale qui placent la pensée hégémonique occidentale contre l'islam, elle écrit qu'elle rejette « *un certain discours musulman complètement obnubilé par un fantasmatique complot occidental contre l'islam* » (Lamrabet, 2012). Son ambition est de se trouver une voie alternative qui réconcilie les droits de la personne et les concepts islamiques, car elle estime que le message divin ne discrimine pas la femme, ce sont les différentes interprétations masculines qui l'ont faussé. Ses positions sont clairement plus entreprenantes et font partie des intellectuelles nommées « post-identitaire » (Latte, Abdellah, 2012). Et, se démarque par une pensée éclairée et dynamique de sa compatriote Nadia Yassine, une autre figure de ce féminisme que nous verrons incessamment. Or ; si Asma Lamrabet aborde certains sujets sensibles comme l'héritage et la Quiwama (qui établit la supériorité de l'homme sur la femme), elle reste mitigée sur la question du voile. Dans son premier livre « *Musulmanes tout simplement* », elle assurait qu'il était une obligation qui relève des prescrits du Coran. Elle-même le portait avant de l'ôter sans pour autant trancher définitivement sur cette problématique. Son explication du verset qui préconise de battre la femme n'est pas convaincante dans la mesure où elle maintient l'idée de la correction conjugale. L'universitaire iranienne Laleh Bakhtiar après de longues recherches aura une interprétation différente, plus en adéquation avec la relecture du Coran et avec les droits des femmes après quelques recherches.

MALIKA HAMIDI

Grâce à l'introduction de l'Islam en Occident, de nombreuses femmes issues de l'immigration ont pu adopter le féminisme comme un symbole de lutte. Elles ont participé à cette dynamique à partir de l'immigration, tout en développant des revendications propres à leur situation sociopolitique. Elles mettent en lumière le racisme, les disparités de chances, l'islamophobie et l'influence dominante de la pensée féministe occidentale. Plusieurs militantes vont entreprendre des cours sur le féminisme à la suite de ce mouvement, comme Malika Hamidi, née en France à Melun (Seine-et-Marne) dans une famille algérienne. Son père était ouvrier et sa mère femme au foyer. Elle grandit en région parisienne, et avant de rencontrer Asma Lamrabet et cofonder avec elle en 2008, le groupe international d'étude et de réflexion sur les femmes en Islam (GIERFI) en Espagne, Malika Hamidi est passée par plusieurs étapes dans ses cursus universitaires. Dans un entretien accordé au journal Libération en date du 19 décembre 2017, elle revient sur les motivations qui l'ont poussé dans ses choix professionnels. « *En sortant de mon village pour poursuivre ma licence d'anglais à 21 ans à Paris, j'ai découvert les problèmes sociopolitiques des jeunes issus de l'immigration : c'est ce qui me donne envie de m'engager sur le terrain.* » Elle va exercer comme assistante sociale pour lutter contre les fractures et les disparités surtout le racisme envers les Arabes. Son intérêt pour le féminisme islamique s'est développé à partir du séminaire organisé par Présence musulmane et coordonné par Tarik Ramdan en 1998. Elle va se spécialiser dans cette discipline, prépare un DEA, en se concentrant sur son émergence en France. *« J'ai découvert un discours qui m'a réconcilié avec mon identité. Ça a été le déclic »* (Libération, décembre 1017) Malika Hamidi3 se définit comme étant une citoyenne française musulmane et féministe. Elle est ainsi la figure de proue d'une nouvelle génération qui adopte un islam moderne qui véhicule le concept ; être musulmane voilée et féministe engagée. Elle siège au comité consultatif du projet européen « Forgotten Women; the impact of islamophobia on Muslim women (« Femmes oubliées, l'impact de l'islamophobie sur les femmes musulmanes), qui a été initié par l'European Network Against Racism et soutenu par les institutions européennes.

NADIA YASSINE

Nadia Yassine fait partie de ces féministes islamistes qui ont progressé dans cette série d'idées telles que la charia, le voile et le féminisme. Son livre intitulé « Toutes voiles dehors » peut se lire comme un pamphlet de 478 pages. Il s'attaque à la culture occidentale, au siècle des Lumières qui se transforme en celui des « ténèbres ». Elle analyse de manière incisive Descartes, Pascal,

Voltaire, Darwin, l'Église, le christianisme, et bien d'autres encore. Il est important de se rappeler que Nadia Yassine a effectué ses études primaires et secondaires à la mission française, puis elle obtient son baccalauréat au lycée Victor Hugo en 1977. Nadia Yassine a le sens de la communication. Elle réussit à développer un discours très attrayant, qui lui vaut une certaine renommée en Occident qu'elle parcourt pour prendre la parole dans les nombreuses tribunes qui lui sont ouvertes (universités de Washington, Cambridge, New York, Havard... etc.). Devenue incontournable dans le paysage marocain en raison de la fonction de présidente et fondatrice de la branche féminine du mouvement El adl wa elhssan (Justice et Bienfaisance) crée et dirigé par son père Cheikh Abdesalam Yassin dont elle est le porte-parole. Elle se réclame d'El Bannâ (1906-1949), l'initiateur égyptien des Frères musulmans. Elle tire les enseignements de son projet politique dans le livre de son père « *Islamiser la modernité* », et objecte pour l'instauration d'une République islamique basée sur la charia. Elle rejette la monarchie et la démocratie : « *La monarchie n'est pas faite pour le Maroc. Le régime s'écroulera bientôt. La constitution est bonne pour la poubelle de l'histoire. Le fruit pourri va finir par tomber de lui-même*29. »

Le 12 mars 2000, alors qu'un défilé de féministes marocaines se déroule à Rabat. Nadia Yassine participe à la manifestation des islamistes à Casablanca en affichant le slogan « respect des valeurs musulmanes » et « contre les élites occidentalisées », le doigt pointé en l'air, symbolisant l'unicité de Dieu, lors du débat axé sur Moudawana. Selon elle, ce n'est pas une contremarche, mais plutôt une manifestation des femmes marocaines contre toute ingérence étrangère dans nos affaires culturelles. Dans cette nouvelle version d'El Moudawana (code de la famille), le gouvernement suggère quelques motions comme augmenter l'âge de mariage des filles, supprimer la polygamie, remplacer la répudiation par un divorce judiciaire et partager les biens en cas de séparation. Nadia Yassine avait déclaré ; « *Les Marocaines rejettent les plans imposés par l'Occident alors que la charia (loi islamique) reconnaît les droits de la femme musulmane et la protège*30 ». Son opinion sur les féministes est mise à l'avant à chaque fois pour clarifier justement son appartenance à ce mouvement qui la séduit et l'indispose à la fois. Elle explique que son féminisme est lié explicitement à la sphère culturelle musulmane : « *Si c'est pour défendre la cause des femmes, alors je me considère comme féministe. Mais je ne défends pas le féminisme à la Simone de Beauvoir, un féminisme occidental*31 », mais, ce refus de s'approprier certaines avancées comme la parité, les quotas, car elle estime qu'il ne faut pas imiter l'Occident. Elle déclare dans un entretien je cite : « Nous nous sommes également opposés à la réforme parce qu'elle a émergé après la conférence de Pékin, imposée à nous par le monde extérieur32. »   Le quatrième sommet mondial sur les femmes s'est tenu sous l'égide de l'ONU à Pékin du 4 au 15 septembre 1995. Il a permis une confrontation des idées et de débats autour de l'autonomisation des femmes, la pauvreté qui les touche, leur pouvoir décisionnel et les violences qu'elles subissent. Cette conférence (à laquelle ont pris part des femmes de plusieurs pays notamment musulmans ou arabes) a mis l'accent sur l'inquiétante situation et condition de la femme dans plusieurs pays aussi bien occidentaux qu'orientaux, ceux du Sud ou du Nord, en tentant de remédier à des lacunes en matière de lois. Cependant, Nadia Yassine s'oppose aux résolutions de Pékin en prétendant que les réformes proposées proviennent de l'extérieur — de l'Occident — ce qui suscite des interrogations quant à l'utilisation du qualificatif du féminisme qui lui confère une visibilité internationale. Les nombreux rejets qu'il fait sous l'argument « occidental » concernent principalement « *Les féministes laïques ne sont qu'une partie d'une petite élite. Ils vivent dans une bulle intellectuelle. Ils imitent l'Occident. Ils se sont retirés de la* *culture islamique. Ce sont des partisans de petits partis politiques qui dépendent du roi. C'est pourquoi, plus que toute autre chose, ils veulent défendre leurs privilèges. Les islamistes, cependant, sont populaires. Ils représentent le peuple*33 ». Les droits des femmes et leur défense prennent parfois des allures d'une contradiction chez Nadia Yassine, reconnaissant le pouvoir des hommes « *C'est une loi de la nature. Les hommes dirigent toujours les grandes organisations. Mais il y a beaucoup de femmes à la base*34 ». Elle ne se prononce pas contre les mariages précoces : « *Je n'aimerais pas voir ma fille mariée à 14 ans, mais de là à prendre ma réalité pour celle de tous les Marocains... 35* ». Elle se trouve d'accord avec sa compatriote Asma Lamrabet, Amina Wadud, Shahla Sherkat sur l'idée que le voile n'est pas une priorité sans apporter une réponse catégorique à cette question. Elle-même ne se départit jamais du sien.

HEBA RAOUF EZZAT

Selon Heba Raouf Ezzat « *la charia est considérée comme "une voie idéale pour réaliser les droits de la personne"*. Elle soutient que celle-ci est en accord avec les droits de la personne et qu'elle constitue le moyen sûr pour les concrétiser, en évitant d'aborder le sujet des oppressions et les limitations des libertés faites au nom de la charia. Elle suggère donc d'adopter une approche inéquitable pour les femmes en remplacement des lois démocratiques. La charia initiée par les hommes sur des bases d'interprétation masculine ne correspond pas au Coran et elle s'oppose même à certains principes du texte sacré, en prônant un système violent qui ne répond en rien à la protection et la promotion des droits de l'homme. Dans un échange épistolaire entre elle et la journaliste Erman Qurechi, experte de l'Islam et les droits de la personne, elle précise ; *"Dans la lutte contre les régimes totalitaires, le but des islamistes, hier comme aujourd'hui, est de réintroduire la charia, — c'est pourquoi elle est devenue le signe par excellence des États musulmans. Car pour eux, seule la charia peut redonner, force à l'islam36"*.

Pour rappel ; les pays qui appliquent la charia comme l'Arabie Saoudite, l'Iran, la Somalie, le Pakistan, Nigéria, Yémen... etc., la peine de mort y est une forme de justice, sa sentence est pratiquée publiquement. Elle touche aussi bien des personnes jugées pour blasphème que des femmes pour adultères ou de "zina" (fornication) pour celles qui ont subi des viols.

Les femmes sont les premières victimes de la charia, car exercées spécifiquement dans le milieu familial : répudiation, polygamie, restriction de leur mobilité... etc. Mais poursuivons donc ce que propose Heba Raouf Ezzat : *"(Charia) veut dire 'voie' et englobe la foi et la morale pour l'individu, et aussi le cadre juridique, économique et social qui règle la vie d'une société. La charia est en outre une plateforme progressiste qui habilite les individus et protège leurs droits face au totalitarisme et à l'ultra-capitalisme utilitariste ('empowers the people and protect their rights…'). Elle peut être une force égalitaire en faveur d'une justice démocratique et sociale, dans les pays musulmans et à l'échelle mondiale37."*

Heba Raouf Ezzat rejette cette notion de féminisme qu'elle considère comme une pratique de diversion et futile, sans rapport avec ceux qui travaillent dans un cadre islamique, bien qu'elle soit incluse dans ce mouvement par les chercheurs et spécialistes de la question du genre et des femmes en islam.

Elle est très souvent décrite comme étant une "féministe islamiste" plus que "militante féministe." Elle aussi œuvre pour rendre les textes sacrés favorables aux femmes et à leurs droits. Cependant, sa vision de la charia en tant qu'instrument de justice humaine et de voie pour les musulmans ne se limite pas au champ politique. Elle englobe la sphère privée et publique, s'applique aux valeurs citoyennes et individuelles, et s'étend à la morale et les droits civiques des personnes.

Emran Qureshi avait entretenu une correspondance avec elle, lui avait écrit dans une lettre : *"J'ai des problèmes par ailleurs avec la* 'vertu citoyenne' que tu décris. D'un côté, les islamistes, notamment les salafistes, tendent à généraliser leurs interprétations et ils projettent cette 'vertu citoyenne' dans le passé et l'histoire afin de lui assurer une certaine validité38."

V

LA NOTION DU GENRE DANS LE CORAN

> *L'expression "frappez-les" signifie donner une tape légère sur le corps, sans aucune violence et comme dernier recours »*

Asma Lamrabet

8.

AMINA WADUD S'EST FORGÉ UNE opinion réformiste, en s'inscrivant dans les principes du féminisme et en luttant contre les privilèges accordés aux hommes. Ses recherches menées au milieu des années 1980 ont abouti à l'élaboration de son livre ; le Coran et la femme (une traduction française a été publiée aux éditions Tarkiz). Wadud adopte une méthodologie particulière, qui la rapproche de la pensée de Fatima Mernissi et d'Asma Barlas. Le but principal de sa démarche est notamment la réinterprétation du Coran, et son adaptation à toutes les époques. Ainsi, elle distingue les versets contextuels des versets universels. C'est ce qu'elle explique dans son livre en y explorant des pistes qui certifient l'égalité absolue entre les êtres humains, estimant que les hommes et les femmes seraient des représentants d'Allah sur terre à titre égal. Elle propose de nouvelles normes qui prendraient autrement en charge les textes sacrés qui consacrent la polygamie — qui n'a plus lieu d'être — affirme-t-elle, car elle était nécessaire à une certaine période. Dans Inside The Gander Jihad Women's Reform in Islam (2006) ou à l'intérieur du Jihad de genre. Elle y revient sur ses propres expériences en tant que femme qui se saisit lucidement des difficultés auxquelles sont confrontées les musulmanes aujourd'hui, condition sociale, éducation, sexualité, leadership, mariage… etc. Elle évoque notamment les menaces qui pesaient sur sa vie à New York. Elle refuse de cautionner certaines pratiques tout simplement comme la polygamie ou la violence conjugale et incite à entreprendre une nouvelle exégèse, au lieu de rester « prisonniers de la scolastique patriarcale ». Il est question pour elle, « de ne *plus reproduire ces pratiques socioculturelles ne signifie pas rejeter le Coran, mais ouvrir des perspectives d'Ijtihad qui peut être considérées comme « une célébration et une mise en acte des principes les plus élevés de l'Écriture* » (Simon & Schuster, 2006).

LA QUESTION DU CHÂTIMENT CORPOREL DE L'ÉPOUSE DANS LE CORAN

Sur les 6236 versets qui composent, le Coran, seulement six sont largement médiatisés dans le monde le rendant impopulaire, voire « misogyne », « sexiste » et inégalitaire envers les femmes. Asma Lamrabet a publié un livre intitulé justement *L'islam et les femmes : les questions qui fâchent,* éditions, Folio, Paris 2018. Selon elle, six sourates suscitent de la confusion. Celles qui portent sur la répudiation, la polygamie, l'héritage, les châtiments corporels, le mariage avec un non-musulman et la quiwama (supériorité de l'homme), mais cela varie en fonction de l'interprétation qu'on en fait. Les militantes y sont engagées et essaient, tout en les mettant en contexte, de proposer une autre explication évolutive. Laleh Bakhtiar, une savante Américaine, d'origine iranienne, auteure de plus de vingt ouvrages sur le soufisme, se heurte au verset qui recommande de corriger les femmes. En travaillant sur une nouvelle traduction du Coran, tombe sur le verset 34 de la sourate 5. Elle se retrouve dans l'incapacité d'avancer dans ses recherches tant ce verset la perturbe : « Admonestez celles dont vous craignez l'infidélité, reléguez-les dans des chambres à part et frappez-les. Mais ne leur cherchez pas querelle, si elles vous obéissent. – Dieu est élevé et grand – (IV, 34). »

Elle n'avait qu'une seule envie, celui d'abandonner ce projet, ne comprenant plus quoi faire devant une « parole divine » qui incite l'homme à battre son épouse. Elle a stagné, dira-t-elle, durant trois mois, à essayer de trouver du sens à ce verset. Ce vocable de « daraba » a été traduit dans presque toutes les langues en « frappe ». En réalité, elle remarque que deux mots sont interprétés littéralement, à savoir « nuchozohona » par « adultères » et « daraba » par « frapper. » Les féministes qui ont étudié le Coran afin de comprendre les principes d'égalité se retrouvent face à certaines réalités qui sont difficiles à ignorer. Il est évident qu'elles peuvent se tromper face à certains aspects arbitraires. Comment procéder alors dans ces situations ? Selon Laleh Bakhtiar, son outil de travail sera la persévérance. Elle n'a pas été convaincue par toutes les traductions qu'elle a trouvées ; « frapper, battre, donner des coups, punir, fesser... etc. » Puis, elle tombe, sur un dictionnaire datant du XIXe siècle signé par un orientaliste, traducteur et lexicographe britannique du nom d'Edward William Lane, qui traduit dans six pages de son œuvre, le mot « daraba » par « partir ». Là, elle s'écrit, enthousiaste, « voilà la vraie définition "partir" (to go away) : "Oh ! C'est ce que Dieu a voulu dire, s'est-elle exclamée. Lorsque le prophète Mohamed rencontrait des difficultés avec ses épouses, que croyez-vous qu'il faisait ? Il ne frappait personne. Pourquoi donc un musulman ferait-il ce que le Prophète ne faisait pas ? » Lela Bakhtiar est d'accord avec la traduction trouvée celle de « s'éloigner d'elles », en s'appuyant notamment sur le sens de « daraba » dans d'autres sourates comme partir à l'étranger : « Ô vous qui croyez, quand vous allez (darabtum) à l'étranger pour la cause de Dieu, pesez vos démarches... » (Verset 4 : 94) ou dans le sens de donner un exemple ; « N'avez-vous pas vu comment Dieu propose (daraba), un bon mot comme un bel arbre dont la racine est ferme et les branches [hautes] dans le ciel » ((Verset 14 : 24). Laleh Bakhtiar a entrepris une recherche approfondie dans le Coran pour interpréter le mot « daraba » comme « s'éloigner » plutôt que « frapper ». Elle s'est trouvée confrontée à l'ambiguïté de ce terme, tout comme Amina Wadud qui a notamment opté pour cette traduction. Elles sont tombées d'accord toutes les deux sur le sens de « quitter », mais Amina Wadud n'était pas entièrement convaincue, car cela ne correspondait pas à l'esprit égalitaire du Coran (Badran, 2010). Quant à Asma Lamrabet, au contraire reste sur l'interprétation primaire et va plus loin en fustigeant les femmes qui le dénoncent en parlant « d'hystérie féminine où frapper ne voulait dire que donner une petite tape », en réalité beaucoup de musulmanes subissent de véritables violences conjugales à cause de la compréhension masculine de ce verset.

LA QUESTION DE L'HÉRITAGE

Selon Margot Badran, « *Les féminismes naissent dans des situations géographiques particulières et s'énoncent en des termes locaux4* ». En dépit de beaucoup d'avancées, les musulmanes héritent toujours moitié moins qu'un homme, et le sujet épineux avec aucune perspective d'évolution positive pour elles. La Tunisie a failli encore une fois prendre le taureau par les cornes et devenir un exemple après l'interdiction de la polygamie en 1956. Mais, malgré la promesse du président tunisien Béji Caïd Essebsi de soumettre un projet de loi à l'assemblée le 13 août 2018 pour modifier le code du statut personnel. Or ; ce qui aurait pu être un avant-gardisme est tombé à l'eau sous la pression du parti islamiste Ennahdha, plus importante formation politique de Tunisie au parlement. Cette question est plus débattue dans les milieux musulmans-laïcs, les conservateurs la considèrent comme immuable. Asma Lamrabet va prendre en charge cette disparité. Essma Lamrabet aura deux axes d'intervention ; l'héritage, et « Quiwama ». Elle précise : « *En octroyant ce droit à l'héritage aux femmes, inconnu dans les autres civilisations, l'islam a introduit une notion de reconnaissance des droits juridiques féminins, jamais avérée jusqu'à lors à travers l'histoire de l'humanité.* » Une telle affirmation est plutôt surprenante, sachant par exemple que Khadija, la première épouse du prophète, avait hérité de son défunt mari avant l'avènement de l'Islam.

La chercheuse marocaine combat l'idée des utilisations de certains versets coraniques pour asseoir une suprématie masculine. Elle explique : « *Quand on apprend aux enfants à l'école* *que l'homme a une double part en héritage par rapport aux femmes, on ne leur dit pas qu'il a la responsabilité de les prendre en charge. On n'éduque pas à la responsabilité, mais à la prédominance des hommes sur les femmes*40 ». Cette question est devenue « polémique » surtout que certains ne veulent pas « déroger » à la prescription coranique qui stipule : *Voici ce que Dieu vous enjoint au sujet de vos enfants : « au mâle revient une part équivalente à celle de deux femelles.* » Sourate 4, intitulée les Femmes, An-Nisâ », verset 11. » Asma Lamrabet à sa propre idée : « *Les hommes héritent d'une part supérieure aux femmes pour la simple raison qu'ils doivent les prendre en charge. Pas parce qu'ils sont supérieurs. Et si cette prise en charge n'est plus ? Et si la femme doit travailler pour nourrir sa famille ? Les théologiens ne nous répondent pas sur ces questions du moment. Leur argumentaire est donc très facilement démoli*41 » Asma Lamrabet a été critiquée par les conservateurs pour sa position, ce qui l'a conduit à démissionner de la Rabita Mohammedia des Oulémas du Maroc qu'elle dirigeait. Cependant, les bases d'un débat sont établies. Après son départ de la Rabita le 20 mars 2018, elle signe une pétition avec des centaines de personnalités marocaines telles que l'écrivaine Leila Slimani, Rachid Benzine ou l'actrice Latifa Ahrrare, protestant contre la discrimination des femmes en matière d'héritage. Le calife Omar nous a-t-il donné l'exemple d'une légiférarion sans prendre en compte le verset mentionné ? Il avait reçu la visite d'une veuve, Habiba Bent Zorrek, qui avait récusé ce verset coranique qui lui imposait de partager son héritage avec des parents de son mari. Elle avait estimé qu'elle avait largement contribué à fructifier le patrimoine familial en travaillant comme tisseuse. Le calife Omar l'avait écouté en lui octroyant la moitié de l'héritage laissé par son époux (les normes sont soit le1/4 en l'absence de descendants et le 1/8 en présence d'enfants).

Selon Asma Lamrabet, insiste sur contextualisation de ce verset : « En ce qui concerne vos enfants, Dieu vous ordonne d'accorder au garçon une part équivalente à celle de deux filles » (4 : 1), car cette répartition était justifiée à cette époque, car le frère était responsable financièrement de sa sœur à la mort des parents. Toutefois, elle soutient qu'il existe d'autres dispositions dans le Coran, qui sont équitable entre les deux sexes : « C'est ainsi que l'on peut répertorier dans le texte sacré, trente cas où les femmes héritent d'une part égale voire plus que l'homme ». Elle donne l'exemple des parents qui héritent de leur fils décédé, même s'il est marié et a des enfants. Selon le Coran, « Le sixième de ce qu'il laisse revient à chacun des pères et mères du défunt » (Sourate 4, V 11). Mais, si l'époux ne laisse pas derrière lui des parents ou de frères vivants, c'est un oncle qui partagera la succession avec la veuve. Essma Lamrabet parle d'égalité ou de justice, or ; dans ce cas précis, c'est l'épouse qui est spoliée dans son héritage.

AMINA WADUD : LE DROIT A L'IMAMAT

Il existe une divergence parmi les fondateurs des quatre madhahib (écoles juridiques) sur la question de savoir si le Coran interdit aux femmes de diriger des prières. Trois écoles jugent que le leadership religieux par une femme est acceptable dans un contexte exclusivement féminin, tandis que la quatrième, suivant l'imam Malik, s'oppose à une interdiction formelle de l'imamat pour les femmes. Cependant, aucun verset coranique ou hadith ne traite explicitement de cette question. Étymologiquement, le terme imam dans le Coran ne spécifie pas uniquement la direction de la prière, mais inclut une dimension spirituelle plus large, celle de guider vers la droiture. Ibn Arabi, dans son ouvrage « Les illuminations spirituelles de la Mecque », soutient que les femmes peuvent assumer l'imamat en raison de leur élévation intellectuelle similaire à celle des hommes : « *La perfection de l'âme humaine est accessible aux deux sexes et le prophète a attesté que certaines femmes ont atteint la réalisation spirituelle comme il l'a attesté pour certains hommes5* ».

Les défenseurs de l'imamat féminin avancent une contrainte qualifiée de « taille » pour eux. Celle qui ne permet pas à une femme de se placer devant les hommes pour prier, cela pourrait les distraire par ses mouvements, ce qui témoigne de la faiblesse et de l'incohérence de leurs arguments. Cependant, la problématique n'est pas résolue pour autant, elle est encore remise en question par les néo-féministes islamistes qui considèrent qu'aucune jonction coranique ne leur interdit cette fonction. Il s'agit plutôt d'une mentalité masculine qui les exclut de tous les lieux. Sur le sujet ces affirmations qu'interviennent Kahina Bahloul, Amina Wadud, Sherin Khankan, Naïma Gohani, Éva Janadin, Anne-Sophie Monsinay deviennent des imams et dirigent des prières mixtes dans des mosquées. Le 18 mars 2005, la prière rituelle du vendredi est donnée par l'Américaine Amina Wadud devant une assemblée mixte. La détermination de Wadud remet en question les préjugés concernant le rôle de la femme dans la société musulmane. La sortie médiatique du célèbre prédicateur islamiste Youssef El Qaradâwî sur le site « SaphirNet.info » relève ce qu'il qualifie « d'audace », en critiquant Amina Wadud, lui demandant de reprendre la bonne voie : « *Mon conseil à la sœur Amînah Wadûd est de réviser sa position, de retourner à son Seigneur et à sa religion, et d'éteindre cette polémique qu'il est inutile de provoquer* ».

Il ajoute « *Je recommande également à mes frères musulmans et sœurs musulmanes d'Amérique de ne pas répondre à cette provocation, et de s'unir tous ensemble contre les nuisances et les complots qui se fomentent contre eux.* » Cependant, il cite la sultane Shajarat Ad-Durr (arbre de perles) dans l'Égypte des Mamelouks, qui était à la tête de prières mixtes. Il est invraisemblable que le cheikh ne sache pas que la première femme à être imam, l'était du temps du prophète. Et, le renommé érudit ignore-t-il que les reines yéménites des 11e et 12e siècles faisaient le sermon de Vendredi saint à la mosquée sans que leurs sujets s'en étonnent ? La revendication d'imamat d'Amina Wadud trouve donc une légitimité dans Oum Waraqa et Chadjaret Edurr. Amina Wadud encourage les femmes à étudier le fiqh pour se libérer du dogme humain qui perpétue une lecture inégalitaire du Coran. Elle s'explique : « *J'ai entrepris des études : en quatorze siècles, il ne s'était pas écrit une ligne sur des interprétations féminines des écritures. Or ; dans le Coran, il y a davantage de versets sur la justice sociale liée aux femmes que sur tout autre type de justice 42* ». Dans ses recherches, Amina Wadud se focalise sur le droit des femmes à devenir imam, illustrant ainsi que les féministes islamiques se préoccupent des questions qui les intéressent.

LA QUESTION DU VOILE

Le débat sur le voile continue de diviser les féministes, avec des perspectives variées. Certaines, comme Nadia Yassine, Shahla Sherkat ou Ezzat Heba Raouf, le considèrent comme une exigence divine incontournable. Asma Lamrabet, quant à elle, défendait initialement cette position avant de revenir sur ses déclarations et même de retirer le voile. Des féministes occidentales avancent l'argumentaire du choix ou du libre arbitre. Cependant, de manière paradoxale, les provoiles les plus actifs sont souvent des Européennes converties ou des immigrantes affiliées à l'intersectionnelle. Elles évoluent dans des pays où elles ne sont pas assujetties par des lois oppressives qui les obligent à le porter. Cette situation soulève des questions complexes sur la liberté individuelle, les identités culturelles et religieuses, ainsi que les pressions sociales et politiques qui influencent les choix des femmes concernant le voile. La position de Zahra Ali est sans doute en adéquation avec sa propre expérience, du fait qu'elle a pu le retirer aisément : « *Le voile est tout sauf le signe d'une oppression ou d'une soumission à une injonction masculine* ». Ce discours semble minimiser la réalité du voile en tant qu'exigence divine, influençant ainsi la décision de le porter avec une connotation coranique revendiquée par les islamistes. Paradoxalement, ce sont souvent les femmes vivant dans des pays où elles sont protégées par des lois républicaines qui défendent le voile avec le plus de vigueur. Rokhaya Diallo en est un exemple, croyant qu'il n'est pas oppressif et qu'il peut même être un symbole de féminité. Zahra Ali insiste sur le fait que le voile n'est pas un signe d'oppression ou de soumission aux hommes, se référant probablement à son propre cas où elle a pu retirer facilement son hijab. Monique Grinon, une figure du MLF, défendait également le port du voile comme un choix personnel, expliquant sa position : « *J'ai heurté beaucoup de mes anciennes camarades, reconnaît-elle, mais il n'y a pas de raison d'empêcher ces femmes de vivre leur religion. Je mets l'engagement en faveur des femmes voilées sur le même plan que la lutte pour l'égalité homme/femme*43 ».

Ce discours semble nier la problématique du voile imposée comme étant une obligation divine, à partir de là, la décision de le porter est faussée par cette injonction coranique que brandissent les islamistes44. Yamina Tadjeur, président de l'association Solidarité féminine, plaide sa faveur et estime qu'il n'infériorise pas les femmes au contraire, il leur donne un pouvoir. Yamina Tadjeur est allée plus loin dans ses propos : « la pudeur est la priorité de la femme musulmane. Défendre ses droits c'est donc, notamment, défendre celui de porter le voile. Une femme croyante sans son voile, c'est comme une banane sans sa peau : elle pourrit de l'intérieur » (L'Express, 2010). Ces argumentaires ne sont pas partagés par certaines féministes vivant dans les pays musulmans, le cas des Iraniennes, des Afghanes… etc. Ici, Latifa Lakhdar, membre fondatrice de l'Association tunisienne des Femmes démocrates, historienne, professeure d'université et chercheur sur la pensée islamique à sa propre opinion : « le voile n'est pas un simple usage, il est la partie visible d'une vision du monde basée sur la coupure en deux de l'universel, les hommes et les femmes. Le voile est le signe de l'enfermement théologique des femmes. » Les femmes qui le portent par obligation vivent différemment cette contrainte, car elles font face à ce que cela implique. Chahdortt Djavann réfugiée iranienne en France apporte son témoignage : « *J'ai porté dix ans le voile. C'était le voile ou la mort. Je sais de quoi je parle45* ». Malak al-Shehri, une jeune Saoudienne, a bravé les conventions en publiant des photos d'elle sans voile sur Instagram et Twitter, déclenchant une tempête de critiques virulentes sur les réseaux sociaux. Des menaces de violence comme « Tuez-la et jetez son corps aux chiens » et des appels à son emprisonnement ont inondé les plateformes en novembre 2016. Le simple désir d'être une femme ordinaire et libre s'est rapidement transformé en cauchemar. Shapark Shajarizadeh, une Iranienne dans la vingtaine, a connu le même sort, condamnée à deux ans de prison ferme et à dix-huit ans avec sursis pour avoir enlevé son voile en public lors d'une manifestation. Ces exemples illustrent les défis et les risques considérables auxquels sont confrontées les femmes qui remettent en question les normes sociétales strictes concernant le voile dans leurs pays respectifs. Le simple rêve d'être une femme ordinaire et libre se transforme en cauchemar. L'Iranienne Shapark Shajarizadeh a écopé de deux ans de prison ferme et de dix-huit ans avec sursis pour avoir retiré le sien en public lors d'une manifestation. Les exemples cités semblent laisser les féministes voilées indifférentes, car celles-ci examinent ce problème depuis l'Occident. Dans les pays où les libertés sont restreintes, le voile est souvent justifié par des arguments religieux, considérés comme prescrit par Dieu, et désobéir est perçu comme un péché grave. Cette dimension religieuse est souvent ignorée ou niée par les féministes occidentales. Le port du voile suscite toujours des débats passionnés, parfois virulents. Il demeure un sujet central pour le féminisme, mais aussi un symbole controversé de l'islam politique pour les conservateurs. Les positions varient selon les contextes où le voile est contesté ou approuvé. Par exemple, lorsqu'une femme en Belgique choisit de le porter pour affirmer son identité culturelle d'origine, c'est différent d'une femme en Iran qui le porte sous la contrainte légale. Ces distinctions soulignent les nuances et les complexités entourant le voile, qui est perçu et vécu différemment selon les contextes socioculturels et politiques. Parmi les cas tragiques récents, on peut citer Mahsa Amini, une jeune fille de 22 ans, arrêtée à Téhéran par la police des mœurs en raison de sa tenue jugée inappropriée. Elle décède trois jours plus tard à l'hôpital. Dans certains pays musulmans comme l'Égypte, l'Algérie, la Syrie et l'Irak, bien que le port du voile ne soit pas nécessairement régi par la loi, il demeure un symbole d'honneur imposé socialement, incitant moralement les femmes à le porter. Les féministes islamistes occidentales adoptent une position très dissemblable de celles qui vivent sous l'oppression de la charia ou d'une mentalité obscurantiste. En optant pour le foulard, elles suscitent des controverses parmi celles qui le subissent sans avoir le droit de choisir. L'idée que le voile exprime un choix individuel et un symbole identitaire est au cœur des préoccupations des féministes issues de l'immigration. Pour ces femmes, leur interprétation de la question du voile est façonnée par les perspectives de migration, d'intégration, ainsi que par les différences raciales et culturelles. Il est cruel que des femmes soient victimes de violences, d'emprisonnements voire d'assassinats pour avoir refusé de porter le voile, mais cette réalité semble ne pas émouvoir les féministes provoiles. Ces dernières abordent souvent cette question depuis l'Occident, où elles peuvent participer à des débats démocratiques dans des contextes où les droits sont respectés et protégés. En revanche, les femmes musulmanes qui vivent au cœur même des inégalités sociales, religieuses, juridiques et politiques dans leurs pays sont confrontées à des défis bien plus graves et urgents. Ces femmes subissent souvent des pressions systémiques et des discriminations qui limitent considérablement leurs droits et leur liberté de choix, y compris en ce qui concerne le port du voile. Cette situation met en lumière les tensions complexes entre liberté individuelle, droits des femmes, identité culturelle et contextes politiques et sociaux variés. Les débats autour du voile nécessitent donc une compréhension profonde et nuancée des différentes réalités vécues par les femmes musulmanes soumises à des lois oppressives, des interdits et des châtiments. En choisissant de porter le voile, elles suscitent des désaccords parmi celles qui le subissent sans avoir la liberté de décider. Pour précision, le voile a été de toutes les luttes féminines à travers plusieurs époques et systèmes.

VI

ET, SI ON « ISLAMISE » LE FÉMINISME

Ils [les islamophobes occidentaux] sont contents d'utiliser mes mots pour diaboliser les hommes de ma communauté. Mais je ne m'allierai jamais à eux. Je suis les enseignements des féministes noires […] : je combats le racisme et je combats le sexisme.

Mona Eltahawy

9.

L'ISLAM POLITIQUE EN ABSORBE toute dynamique qui pourrait le servir, ainsi les partis conservateurs présentent leurs propres figures féminines pour propager leur idéologie, comme l'explique Khaled Dourane, professeur à l'université de Philadelphie : « *L'Islamisme est un genre de totalitarisme qui s'est répandu dans le monde à la fin du vingtième siècle. Il est identique aux régimes fascistes ou communistes… et aspire à dominer le monde* ». Le terme « islamisme » a émergé dans les années trente, lorsque les Frères musulmans égyptiens ont créé leur mouvement en se définissant comme islamiyouns (islamistes) plutôt que mouslimoun (musulmans). L'adoption de ce concept visait à légitimer leurs objectifs en donnant l'impression d'un discours progressiste et démocratique. Mais l'intérêt soudain pour le féminisme comme terminologie « porteuse » s'est manifesté durant les printemps arabes. Les islamistes ont introduit dans ces révolutions des femmes issues de leur formation pour ne pas rater ce tournant décisif qui s'offrait à eux. Tarik Ramadan, un prédicateur connu, et petit-fils de El'Bana fondateur des frères musulmans en Égypte avait compris que cette notion est un sésame. Il compare les féministes islamistes à des savants qui donnent naissance à un mouvement de libération de la femme dans et par l'islam. Il note : « *ce courant s'impose donc comme un projet féminin/masculin islamiste, il précise qu'ils opposent aux pratiques culturelles discriminatoires, faussement islamiques* ». Il poursuit « *Lorsque nous avons pour la première fois nommé ce mouvement "féminisme islamique", beaucoup de musulmans nous l'ont reproché et certains de nos interlocuteurs non musulmans n'étaient pas convaincus* ». Sa réappropriation de cette terminologie le pousse à donner des formations sur le féminisme, suivies par des militantes très actives sur le terrain, comme Malika Hamidi, fondatrice du groupe de réflexion European Muslim Network, qui a déclaré : « *Dès 2003, il (Tarik Ramdan) nous a proposé de nous rapprocher entre les responsables associatifs musulmans* ». Il a été reçu à Bruxelles lors d'un colloque au Parlement européen par des membres du Collectif féministe pour l'égalité (crée par Tarik Ramadan) et des personnalités islamistes. En 1995, une jeune féministe voilée, Saida Kada, fonde le FFME « Femmes françaises et musulmanes engagées » en se référant ouvertement aux enseignements de Tariq Ramadan. Un troisième mouvement, affilié au réseau de Tariq Ramadan, émerge en 2002 à Strasbourg en réaction au projet de loi sur le port du voile à l'école, voté le 15 mars 2004. Ce développement semble paradoxal dans ce contexte, puisqu'il nécessite d'aborder des notions chargées de connotations colonialistes, capitalistes et libertaires, tout en rejetant toute forme de solidarité féminine qui ne soit pas basée sur un argumentaire religieux. Cela marque une différence nette avec de nombreux courants précédents qui ont lutté pour l'émancipation des femmes, soit contre le pouvoir de l'Église soit celle du patriarcat. Il est difficile de comprendre la promotion des droits des femmes selon Tariq Ramadan. Ce dernier soutient le port du voile au nom de la pudeur, ainsi que des pratiques telles que la polygamie, l'excision et même la lapidation, bien que cette dernière ne soit pas mentionnée dans le Coran. Il est pertinent de noter que Tariq Ramadan a écrit la préface du livre d'Asma Lamrabet intitulé « Musulmanes ». D'après Abnousse Shalmani, une auteure iranienne : « *Le féminisme islamique est une tactique des Frères musulmans pour atténuer le point faible de l'islam en Occident, à savoir la condition des femmes.* » Selon Chahla Chafiq, Tarik Ramadan a repris cette idée dans le but : « *De confiner les femmes dans une identité globalisante basée sur la religion, ce qui ne ferait qu'accentuer l'islamisme politique à long terme* ». Pour des militantes pour les droits des femmes comme Chahla Shafiq, il est difficile d'évoluer dans ce contexte, qui se construit autour de l'argumentaire religieux. Il s'agit d'une distinction claire par rapport aux nombreux mouvements qui ont déjà combattu pour la défense des droits de la femme contre le pouvoir de l'Église et du patriarcat. D'après toujours l'écrivaine iranienne, le féminisme reprend certains aspects critiqués par le passé tels que son caractère élitiste, exclusif et discriminatoire, car il recompose des espaces réservés à un public averti en élaborant des théories similaires sur la « classe » sociale. « *Le concept de féminisme musulman revient à créer des particularités, des sous-catégories. Et, au fond, à diviser un peu plus. Comme s'il s'agissait de créer deux féminismes : celui, prétendument "blanc", "occidental", "athée", contre le "monde arabo-musulman", prétendument uni.* » Des spécialistes pensent que l'utilisation du féminisme comme un symbole puissant, même s'il est considéré comme une construction occidentale, constitue une stratégie permettant de l'articuler à partir d'un contexte politique universaliste. C'est pour l'épurer en particulier que ses personnages l'ont adopté, comme on le sous-entend. Selon Zahra Ali, il serait plus universel de le doter de normes islamiques et de le réintégrer dans un espace transnational de réflexion sur son identité : « *C'est par et pour l'islam qu'elles conçoivent leur engagement féministe et, à travers cette posture, elles redéfinissent, réinventent et se réapproprient le féminisme en commençant par le décoloniser et le poser comme universel* » (La Fabrique, 2012).

10.

L'ALLIANCE ENTRE L'INTERSECTIONNEL ET LE FÉMINISME ISLAMIQUE EN OCCIDENT

Le féminisme intersectionnel et le féminisme islamiste sont deux approches distinctes qui émergent dans le cadre plus large du mouvement féministe contemporain, chacune avec ses propres perspectives et objectifs. Cependant, les féministes issus des milieux islamistes et migrants se reconnaissent dans l'intersectionnel, qui offre dans une certaine mesure des similitudes avec leurs revendications. Les injustices qui résultent de plusieurs combinaisons, dont les dimensions identitaires, du genre, de la race… etc., sont abordées. Ici, nous avons une fracture au sein même des féministes islamiques/islamistes. Le féminisme intersectionnel met l'accent sur la diversité et l'intersectionnalité des luttes féminines, tandis que le féminisme islamiste cherche des droits au sein des contextes musulmans spécifiques. Nous pouvons même dire que ces trois ou quatre approches ne sont pas nécessairement mutuellement exclusives, bien qu'elles puissent parfois entrer en tension en raison de leurs perspectives différentes sur la religion, la culture et l'émancipation des femmes.

Crenshaw souligne que l'approche intersectionnelle doit tenir compte des multiples facettes de l'identité afin de promouvoir une société plus juste et équitable. Dans une série d'articles sur l'intersectionalisme Annie-Ève Collin membre pour les droits des femmes au Québec [PDF-Québec], coauteure du livre, l'islamophobie, paru aux éditions Dialogue nord-sud apporte les précisions suivantes : « *D'ailleurs, les intersectionnelles ont beau prétendre qu'elles laissent les principales intéressées parler des formes d'oppression qui les concernent, dans la réalité, leur attitude est tout autre. Il faut savoir qu'elles défendent certaines positions en particulier : elles défendent le port du voile islamique et le travail du sexe en tant que choix personnels.* » C'est dans cette brèche que s'engouffrent les féministes islamistes issues de l'immigration, se reconnaissant dans cette alternative. Mona Eltahawy, auteure de Foulard et Hymen « *[…] Je suis les enseignements des féministes noires […] : je combats le racisme et je combats le sexisme.* »

Ces féministes, qui se basent sur la pluralité culturelle, se trouvent dans une situation difficile à définir, ce qui explique cette « crise identitaire » qui implique un retour aux origines musulmanes. Au sein de l'intersectionnel, elles ont découvert un discours qui correspond à leurs préoccupations sociopolitiques. Par conséquent, ces femmes ne se battent pas pour l'égalité, mais elles militent pour le respect de la diversité culturelle et religieuse. Leur revendication se déploie depuis des territoires démocratiques, les éloignant ainsi des soucis des musulmanes confrontées à d'autres réalités. Ce féminisme s'enracine dans un mélange hybride d'approches intersectionnelles, postcoloniales, autochtones, africaines et afro-américaines, où les conditions des femmes sont prises sur la base de la couleur, la race, la religion, l'appartenance... etc. Comme le constate Zahra Ali : « les femmes musulmanes n'ont pas de place à part entière dans le mouvement féministe occidental, qui a tendance à associer à l'Islam des attributs raciaux comme la soumission de la femme a l'homme arabe[46] ».

L'intersectionnel rend dans un sens les femmes à leur statut ethnique, racial et à leur communautarisme, une manière d'essentialisation et de classification et de défragmentation, selon un schéma primaire qui s'appuie sur les origines et situations sociales. Hanane Karimi estime qu'il ne faut pas « *essentialiser" les femmes, ne pas les uniformiser, elles et leurs modèles d'émancipation, niant ainsi leur pluralité* ». Or ; ce nouveau discours reflète une pluralité qui est désormais admise, mais sert-il la cause des femmes ? N'est-il pas une mise à l'écart de celles qui n'entrent pas dans ce féminisme ? L'impact de ces fractures altère l'apport de certains féministes classiques à l'image d'Olympe de Gouges, lui niant un activisme qui ne s'encombrait ni d'impérialisme, ni de colonialisme, ni de la race. Elle était l'auteure de la Déclaration des droits de la femme et de la citoyenne et avait milité pour leurs droits civiques et politiques et pour l'abolition de l'esclavage des noirs. Morte guillotinée pour ses idéaux, elle demeure le symbole du féminisme au même titre que l'Égyptienne Huda Chaarawi. On s'éloigne du combat contre les privilèges masculins et l'autoritarisme patriarcal est déclassé au profit d'un combat antiraciste.

Les droits de l'homme sont universels et l'égalité des sexes est garantie dans la Déclaration universelle des droits de l'homme adoptée par l'Assemblée générale des Nations Unies le 10 décembre 1948. Cette même Assemblée a notamment approuvé en 1979 la Convention sur l'élimination de toutes les formes de discrimination à l'égard des femmes (CEDAW), connue notamment sous la Charte internationale des droits des femmes. Cette convention a été ratifiée par plusieurs pays musulmans tels que l'Arabie Saoudite, l'Égypte, la Tunisie, l'Algérie, le Maroc et la Jordanie. Cependant, certains d'entre eux l'ont signée avec des réserves.

11.

IMMIGRANTES MUSULMANES : IDENTITÉS ASSIGNÉES ET RACIALES

En se référant au *black feminism*, les militantes islamistes tentent d'explorer cette intersection, bien que les deux courants diffèrent par leurs préoccupations, leurs cultures et leur contexte sociopolitique. Le « black feminism » s'enracine dans les revendications des droits civiques des Noirs américains, notamment pendant le mouvement des droits civiques des années 1945 à 1970. Il s'est développé à travers une praxis féministe et le nationalisme noir. En revanche, le féminisme islamiste/islamique se centre surtout sur les questions religieuses tout en étant influencé par des considérations sociales et ethniques distinctes.

L'origine du « black feminism » est liée aux luttes abolitionnistes et féministes du XIXe siècle, ce qui lui confère une spécificité en combattant l'esclavagisme et la discrimination, le sexisme et l'oppression des classes. L'essentiel de ses revendications s'explique par le climat sociopolitique des États-Uniens où l'idéologie d'apartheid des États du Sud a longtemps été un terreau de violences basées sur la suprématie raciale. Les femmes racisées en tant que groupes minorisés ont eu à souffrir d'un ensemble codifié d'autoritarisme et de misogynie, de ségrégation, d'infériorité, d'immoralité et de patriarcat. La théoricienne américaine Bell Hook critique aussi bien le féminisme classique que le mouvement de libération des noirs qui ont exclu de leurs discours l'oppression sexiste à laquelle celles-ci étaient soumises après leurs affranchissements. Elle dénonce la posture adoptée des féministes blanches qui se proclamaient antiabolitionnistes, mais non antiracistes, et tout en combattant le patriarcal, ont omis de le faire pour un système colonial et ségrégationniste.

Bell Hook, Angela Davis, Audre Geraldine Lorde prennent très tôt conscience qu'il leur faut construire leurs propres récits. Pour se faire, elles explorent l'identité du *black feminism* afin de témoigner de leurs histoires, ce qui leur permet de mener à bien leur lutte. Toutefois, il ne faut pas entendre par Black Feminism comme l'explique Elsa Dorlin dans « Revolution et La Révolution du féminisme noir aux États-Unis ; « *c'est un courant de pensée politique qui, au sein du féminisme, a défini la domination de genre sans jamais l'isoler des autres rapports de pouvoir, à commencer par le racisme ou le rapport de classe. Et qui pouvait comprendre, dans les années 1970, des féministes « chicanas », « natives américaines », « sino-américaines » ou du « tiers-monde »* 47.

Bell Hook retrace dans son livre *Ne suis-je pas une femme*, les expériences et le vécu des Afro-Américaines depuis l'esclavage, ressortant les différentes discriminations auxquelles, elles ont été confrontées. Elle explique que les femmes noires vues comme « immorales et dépravées » pouvaient être violées au regard de leur « appétit sexuel ». Cette déconsidération nous renvoie aux musulmanes dévoilées jugées par leurs communautés comme impures et provocatrices en comparaison avec les femmes voilées présentées comme vertueuses et saines.

La « réappropriation » du concept du Black feminism par les féministes islamistes issues de l'immigration s'explicitent dans le discours de Mona Eltahawy, Malika Hamid et Zahra Ali. Elles reformulent leur approche en la basant sur la complexité des expériences féminines dans le monde contre toute forme d'oppression. Elles font un parallèle avec les noires Américaines et les musulmanes voilées plus visibles dans l'espace européen face à la montée de l'islamophobie comme l'explique Zahra Ali : « *En plus d'être clairement raciste et paternaliste, ce discours — qui est aujourd'hui celui du "sens commun" en France (pour reprendre l'expression bourdieusienne) — enferme les femmes et les jeunes femmes qui portent le foulard dans leur étrangeté et leur aliénation. On exclut de l'école et du travail, principaux lieux de socialisation, des femmes et des filles au prétexte de les libérer.* » Le black feminism, s'est mis en place comme nous l'avons vu, pour lutter contre des formes combinées d'oppressions à l'encontre des afrodescendantes dans un système qui les considère dans leur propre pays comme des subalternes, inférieures, immorales. Cependant, il se distingue dans son approche de l'afroféminisme et du féminisme islamiste même si ce dernier dans sa branche occidentale a tendance à se poser en parallèle avec lui, en se saisissant d'un contexte qu'elles partagent ensemble, racisme, et marginalisation. Ces femmes influencées par de nombreux facteurs façonnent leur engagement dans un environnement où elles ont du mal à se situer pleinement. Elles critiquent la gestion de la diversité, de l'intégration des populations immigrantes dans les démocraties de leurs pays d'accueil.

Cette problématique est particulièrement ressentie par celles nées en France (ou d'autres pays occidentaux) sur plusieurs générations. Ce contexte conduit à une essentialisation de l'identité musulmane, perçue comme un moyen d'obtenir une plus grande visibilité dans un milieu où leurs chances d'émancipation sont entravées. La rivalité entre l'islam et l'Occident, exacerbée après les événements du 11 septembre et par la représentation souvent subjective de l'Islam contribue à ce dynamique complexe. Ces femmes naviguent donc dans un paysage sociopolitique où elles sont fréquemment réduites à une dimension religieuse, limitant leurs possibilités de participation pleine et égale à la société.

VII

DISCOURS CONTRADICTOIRES.

> *C'est une loi de la nature. Les hommes dirigent toujours les grandes organisations. Mais il y a beaucoup de femmes à la base.*
>
> Nadia Yassine

12.

LE FÉMINISME CONTEMPORAIN SUBIT une transformation sous l'influence de divers facteurs. Pour certaines féministes, l'égalité n'est plus la priorité, considérant les progrès réalisés dans leurs sociétés respectives. Cependant, pour d'autres, elle demeure cruciale. Mais les différences selon les lieux des revendications créent toujours des spécificités. Si on étudie l'approche intersectionnelle, prônée par des figures comme Stéphanie Ngalula de la Cellule Afro-Féminine, nous nous rendons compte qu'elle reproduit les mêmes lacunes observées au sein du féminisme traditionnel comme l'exclusion et la marginalisation. L'association Lallab, se revendiquant intersectionnelle, rejette le féminisme classique avec des slogans comme « *Remballe ton féminisme blanc* ». Lallab se définit comme une organisation féministe et antiraciste, mettant en avant les voix et droits des femmes musulmanes face à diverses oppressions sexistes, racistes et islamophobes, incarnée par des activistes comme Maissa Leroy. Elle ne s'appuie plus sur la notion d'égalité, mais plutôt sur la distinction des individus. Et ne s'articule plus sur les pratiques discriminatoires imposées aux femmes par une combinaison de patriarcat, de religion et de tradition. Ainsi, les critères des revendications sont élaborés en fonction des intérêts des uns et des autres. Lallab se démarque totalement des féministes de mai 1968. Sur leur site, on peut lire dans un long texte cet extrait qui résume l'action des féministes « blanches » à juste s'arracher un bout de tissu « *Quand on me dit "féministe", la première image qui m'est toujours venu en tête, c'est celle d'un polaroïd : une femme blanche qui lève le poing dans une tenue très échancrée, avec des poils sous les bras48* ». Mona Eltahawy l'auteure de Foulard et Hymen rappelle : « *Je suis les enseignements des féministes noires [...] : je combats le racisme et je combats le sexisme* ».

Les intersectionnelles ne remettent nullement en cause les dogmes religieux en matière d'héritage, de divorce, d'autorité maritale, de témoignage devant un tribunal ou d'égalité du fait qu'elles n'y sont pas confrontées. Elles ne se préoccupent pas non plus des pressions faites sur les musulmanes dans les cités et les banlieues où elles sont soumises au diktat du conservatisme véhiculé par les familles et la communauté. La sociologue Sophie Bessis revient sur la condition des filles issues de l'immigration, qui vivent un ensemble d'interdits parentaux et font face à des tabous liés au sexe. Elle explique que ces filles ne peuvent pas sortir de la maison, ne peuvent pas avoir des relations avec des garçons, ne peuvent pas inviter chez elles leur petit ami... etc.

Dans ce même contexte, Fadela Amara, féministe, femme politique française et ancienne présidente de l'association « Ni putes ni soumises » recommande de « *se consacrer à la lutte contre la violence sexiste, contre les formes de violence conjugale, pour l'égalité salariale, pour le développement de la carrière professionnelle [...] dans tous les espaces où l'égalité entre les sexes n'est pas respectée* ». Dans leur lutte intersectionnelle, le sort et le droit des musulmanes au sein de leur communauté, quartiers, cités, banlieue ne semblent pas focaliser leurs intérêts. Des filles subissent une violence physique et morale ou une conduite « morale » leur est exigée comme le port du voile, interdiction de sortie, d'avoir un petit ami... etc. Au nom du respect de la différence, des cultures, de la diversité, certains droits élémentaires ne font pas partie de leurs revendications et peuvent même aller à l'encontre de la liberté des femmes. Si des musulmanes occidentales se réclament de l'intersectionnel, ce sont surtout les théoriciennes et chercheuses dans ce domaine qui alignent ensemble les deux féminismes. Il est pertinent de noter cependant que le concept de l'intersectionnel a perdu de sa force, avait déclaré Kimberlé Grenshaw dans une entrevue accordée au magazine Times qui lui avait demandé : « Vous avez introduit l'intersectionnalité il y a plus de 30 ans. Comment expliquez-vous ce que cela signifie aujourd'hui ? », elle répond : « *Ces jours-ci, je commence par ce que ce n'est pas (l'intersectionnel), car il y a eu de la distorsion.* » Pour Zahra Ali, « être féministe, c'est englober toutes les formes d'inégalité, c'est être intersectionnel, c'est remettre en question sa position de manière permanente, c'est reconnaître la pluralité des expressions de l'émancipation des femmes et des hommes » (Entretien paru le 11 juin 2016 sur le site de Ballast). Asma Lamrabet distingue qu'il y a un modèle spécifique qui se base sur les différentes cultures et sur la nature des revendications. Cela est vrai si on voit que les Tunisiennes axent leur combat pour l'égalité dans l'héritage. Les Afghanes se battent pour le droit à l'éducation et les Iraniennes contre le port obligatoire du voile, le tutorat masculin et la libre circulation. Quant aux Saoudiennes — jusqu'à récemment — pour le droit du vote et celui de conduire une voiture. Les Algériennes contre le code de la famille, ainsi chaque musulmane agit localement selon sa propre condition. Or : les luttes pour les droits des femmes ne doivent pas diviser sur la base de l'identité, la couleur de la peau ou la religion. Miriam Cooke dans son article : Les stratégies rhétoriques féministes islamiques49, apporte cet éclaircissement : « *Si le féminisme peut prendre la forme de prises de conscience nombreuses et changeantes, reflétant chacune la compréhension qu'ont les femmes d'elles-mêmes et de leurs situations dans leurs dimensions sociales et biologiques, alors le féminisme n'est pas lié à une culture en particulier. Il n'est pas plus arabe qu'américain, Méditerranéen ou Nord européen. Le féminisme cherche la justice là où elle peut être trouvée.* » Affirmer que la parole des musulmanes s'est libérée uniquement avec l'émergence du féminisme islamiste efface cruellement les efforts des musulmanes engagées dans les luttes bien avant. Dès le début du 19e siècle, les musulmanes ont commencé à occuper l'espace public.

13.

En 1920, la Libanaise Nazira Zayn al-Din fut l'une des premières à s'opposer résolument au voile et aux interprétations misogynes du Coran. Elle fut accusée d'athéisme, et ses ouvrages emblématiques, tels que Voile et Dévoilement et sa suite La Fille et les Cheikhs, furent censurés, ce qui limita leur diffusion et leur vente. Bien que la production littéraire de musulmanes engagées reste relativement modeste, elle a eu un impact significatif sur les consciences. En 1992, Amina Wadud publia son ouvrage majeur Le Coran et les Femmes : Relire les Textes sacrés à partir d'une Perspective féminine, offrant une nouvelle perspective sur l'interprétation coranique. Cependant, il convient de noter qu'en 1892, bien avant ces développements, Aïcha Taymour avait déjà *publié « Miroir de la contemplation dans la situation »*, où elle questionnait les relations homme/femme à travers une interprétation des versets coraniques. Dans le même esprit critique, Fatima Mernissi, en 1983 avec son livre *« Sexe, Idéologie, Islam »*, abordait les processus conduisant à l'asservissement des femmes, notamment les lectures patriarcales du Coran et la prolifération des hadiths qui les dévalorisent. Nous observons ainsi trois perspectives identiques à travers trois époques distinctes. Le rapport des musulmanes avec la religion a toujours été au centre de leurs interrogations de tous les temps. Nous avons vu comment les premières dames de l'islam ont posé les questions nécessaires à leur place dans la société musulmane naissante. Aïcha avait fermement contesté l'attitude misogyne des hommes et les injustices subies par les femmes. Oum Salama s'est inquiétée de l'absence de communication entre Dieu et les femmes, tandis que Fatima a refusé la polygamie et son arrière-petite-fille Zineb a rejeté le voile. Comment redonner à ces femmes qui ne sont connues que sous le nom des femmes du prophète la parole ? L'auteure francophone, Algérienne, membre de l'Académie française, Assia Djebar s'est préoccupée justement de cette parole « absente » des femmes aux premières heures de l'Islam dans son ouvrage intitulé Loin de Médine publié en 1991 aux éditions Albin Michel.

Les femmes musulmanes se sont intégrées dans la société civile en saisissant les opportunités offertes par l'évolution des mentalités pour accéder à l'éducation et au travail. Les premières militantes n'étaient pas explicitement liées à la dimension religieuse, adoptant une approche laïque tout en restant tributaires d'un pouvoir masculin. La prolifération du fondamentalisme, l'avènement de l'islam politique, l'émergence d'organisations et de partis politiques islamistes ont entraîné des conséquences néfastes pour les droits et libertés des femmes. C'est dire combien le sort des femmes demeure précaire et rien n'est garanti pour elles dans des pays qui peuvent basculer d'un moment à l'autre dans un état théocratique, dans une crise économique ou un conflit armé. Il est important de bien comprendre les conditions des femmes musulmanes selon leurs pays d'origine, car elles changent culturellement, socialement, politiquement et géographiquement. Chacun son histoire, ses lois, son système, même, la religion est pratiquée différemment par chaque communauté.

L'évolution des femmes reste tributaire de l'ouverture de leur société, de leur approche moderniste ou traditionnelle, de leur juridiction républicaine ou théocratique. Dans certains États, la conscience politique féminine s'est développée très vite face à des oppressions. La colonisation a été notamment un terreau de révolte. Les femmes ont lutté contre la domination coloniale et pour leurs droits comme le cas pour les Égyptiennes, les Syriennes ou les Algériennes jetées à corps perdu dans la révolution pour l'indépendance de leurs pays. Et, plus tard pour des droits sociopolitiques comme l'avait démontré la marche féminine du 8 mars 1963 pour l'égalité dans les rues d'Alger. De multiples associations créées par des musulmanes à travers le monde se sont lancées dans l'arène des combats pour imposer dans leur société leurs propres visions et souhaits. Ces mouvements ne se sont aucunement rattachés à la religion, tout au contraire si on se réfère aux Algériennes leurs diverses prises de position se sont articulées autour des droits fondamentaux, mais aussi contre l'islamisme et l'intégrisme. Affirmer que la religion n'opprime pas la femme musulmane, c'est se détourner de la réalité du terrain et discourir dans des salons feutrés.

La discrimination se traduit dans les traditions, dans les mentalités et dans les lois, le tout codifié sous le label de la religion d'où sa légitimité. La notion d'égalité entre femmes et hommes sans distinction biologique reste cependant une question encore difficile à faire admettre. L'équité n'est pas propre au monde musulman, mais plus présente dans les sociétés soumises à des pratiques culturelles et codifiées au nom des religions monothéistes ou autres.

CONCLUSION

QUAND LA CAUSE DES FEMMES DÉSUNIT LES FÉMINISTES

En explorant les origines des mouvements féministes, il devient évident que les femmes ont été confrontées à des violences systématiques pendant des siècles. Aujourd'hui encore, dans certaines régions du monde, elles luttent pour des droits fondamentaux, y compris le droit à la vie. En Inde et en Chine, des pratiques telles que la sélection prénatale de sexe conduisent à l'élimination des embryons féminins. En Afrique subsaharienne, les mutilations génitales sont infligées aux filles dans le but de réduire leur désir sexuel et de préserver une certaine notion d'honneur. En Iran, les femmes contestent l'obligation de porter le voile. Ces exemples illustrent les nombreuses formes d'oppression auxquelles les femmes sont confrontées et mettent en lumière les luttes continues pour l'égalité et la dignité. Nous mesurons toute l'importance de leurs revendications et leur liberté de la parole au-delà de leur condition et situation. Mais, la terminologie du féminisme peut-elle être utilisée à des fins autres que les droits des femmes dans un moment crucial où tout reste encore à faire ? Selon les unes, ce concept doit évoluer et ne pas se limiter à l'égalité entre les hommes et les femmes, mais de se développer de manière étendue. Ne peut-il pas être contreproductif de céder le terrain à des courants, agissant dans l'intérêt des groupes ethniques et religieux auxquels ils appartiennent ? Les nombreuses fissures qui ébranlent les relations entre les citoyens et les sociétés à travers le monde engendrent des tensions, des crises catastrophiques pour les femmes. Or : les nouveaux paradigmes, ne travaillent pas à leur profit, elles les classent et les distinguent selon des notions individualistes, raciales et identitaires et les enferment en paraphrasant Chahla Chafiq dans une « identité globalisante ». La formulation d'une approche multidisciplinaire s'appuie sur l'exemple anglo-saxon des Cutural Studies, un mouvement qui a vu le jour en 1960 en Grande-Bretagne. Il associe dans sa démarche plusieurs spécialités qui se concentrent sur une analyse transversale des cultures populaires, mais surtout minoritaires et contestataires. Il s'agit d'un lien entre « cultures » et « pouvoirs », soutenus par des groupes sociaux marginalisés et dont le militantisme se focalise sur l'alignement de deux normes religieuses et civiques afin de construire une identité.

Cette méthode élitiste propose une expertise reposant sur une combinaison de connaissances essentielles pour des études menées par des chercheuses comme Amina Wadud et Asma Barlas. Elles possèdent les ressources intellectuelles nécessaires pour agir, ressources qui ne sont pas accessibles à une base dépourvue d'outils appropriés et qui ne se reconnaît pas dans l'action. Tout comme le féminisme blanc, jugé « élitiste » et « bourgeois », qui n'est pas à la portée de toutes les femmes, le féminisme islamique, pris en charge par des universitaires, est également perçu comme « élitiste ». Ces diverses branches, adaptées individuellement, rejettent les définitions globalisantes et totalisantes en adoptant des attitudes liées à la couleur de la peau, à la religion, à l'identité et à l'orientation sexuelle. Cette approche semble offrir une vision alternative du féminisme, mais elle perpétue notamment cet esprit de dominées/dominantes. Et, vise clairement à « *décoloniser* » et à « *renouveler* » le féminisme traditionnel (Zahra Ali, 2012). Ces discours ne constituent pas des ensembles homogènes. Cela signifie que nous faisons face à un pluralisme du féminisme islamique, comme nous l'avons décrit de manière exhaustive, mettant en lumière les conditions, les diversités, les enjeux et les réalités. Il est crucial de souligner que le premier cadre, provenant de l'immigration, apparaît comme le plus significatif dans ce processus, bénéficiant d'une représentation plus étendue. Ses liens étroits avec des associations ont favorisé son internationalisation et son intégration dans les recherches universitaires sur le féminisme.

Il se subdivise en plusieurs courants, car les motivations et les intérêts varient d'un groupe à l'autre. Sa trajectoire entre l'intersectionnalité et le féminisme noir découle de sa position de minorité invisible dans le contexte de l'immigration, ce qui constitue le principal moteur de leur engagement militant, allant au-delà des droits au sein de l'Islam. Elles ne se limitent ni à la charia ni à ses lois conservatrices, ce qui explique leurs préoccupations centrées sur le racisme, la discrimination, l'exclusion et l'islamophobie.

En résumé, il est paradoxal de voir ces musulmanes françaises, belges et québécoises porter les couleurs du féminisme islamiste dans des sociétés libérales où il existe des lois égalitaires. Il s'agit d'une recherche d'identité qui se manifeste fréquemment par le port du voile ou sa défense, en particulier le communautarisme, par crainte de perdre sa propre culture dans un environnement dominant. Dans ce cadre, Paul Gilgory, Atlantique noir, écrit que ces inscriptions particulières ne sont qu'une « continuité de ces identités » engagées dans « un acte provocateur voire oppositionnel d'insubordination politique ». Soutenues par des identitaires, des intersectionnelles, des associations islamistes et des acteurs de l'islam politique, ces féministes ont émergé dans des espaces à la fois occidentaux, orientaux et maghrébins. Mais, c'est à partir de l'Occident, que ce néoféminisme a donné naissance à une synergie qui dirige ses efforts de manière différente et dans une pensée qui dénie dans certaines mesures, la réalité des femmes vivant dans les pays musulmans.

La mobilisation des féministes élitistes reste aussi fragmentée qu'individuelle, bien qu'elles partagent un principe commun : la déconstruction des interprétations patriarcales des sources religieuses. En abordant la question de l'imamat, des femmes exercent désormais dans plusieurs mosquées, comme l'Inclusive Mosque au Royaume-Uni, celle de Fatima en France ou Ibn Rochd-Goethe en Allemagne.

Notons ici que ces musulmanes ont dépassé les revendications primordiales et évoluent déjà dans un niveau « élitiste ». Elles se démarquent dans leurs approches des féministes formées à l'enseignement de Tarik Ramdam qui leur avaient suggéré la création d'une section féministe islamiste plus opérationnelle en France et en Belgique et qui restent tributaires des questions raciales et islamophobes. Puis, nous avons le féminisme intramuros, celui qui vient de l'intérieur de terres musulmanes. Il est pris en charge par des femmes et des associations qui se battent contre des lois restrictives et des pratiques misogynes. Elles font face à des réalités où leurs droits les plus élémentaires sont inexistants comme le droit à l'éducation, le cas de l'Afghanistan ou le mariage précoce au Yémen. Les militantes islamistes se forgent leur propre compréhension du concept du féminisme, en déconstruisant au fait les édifices installés par leurs prédécesseurs, celles qui ont obtenu des droits en les revendiquant en dehors du sacré et du sacralisé. Certes, les voies pour y parvenir sont multiples comme le sont les présupposés, les couleurs et les objectifs, mais le fond du féminisme ne devrait-il pas rester universel et véhiculer une conscience émancipatrice qui échapperait à toute notion locale, régionale et raciale ? Ne peut se réclamer dans une culture musulmane tout en évoluant dans un cadre démocratique, républicain et laïc dans lequel on peut lutter pour la même cause. Certains pays n'appliquent pas forcément un système juridique basé sur la charia, sauf pour quelques-uns qui s'y inspirent pour les questions relatives au statut personnel, de la famille par exemple. Si les notions d'égalité ne sont pas compatibles avec l'islam pourquoi des tentatives pour en faire un instrument émancipateur et pourquoi agir sous l'appellation de

« féminisme islamiste » et pas justes féministes ou militantes en adoptant ses propres principes ? Chahla Chafiq, affirme qu'il *« est clair que lorsque les religions deviennent une « source de loi », elles recommandent en effet une hiérarchisation sexuée, qui est essentielle pour assurer la complémentarité des sexes ou chaque individu ayant ses droits en fonction de ses devoirs* (Révolution féministe 2016). L'engagement de ces féministes se caractérise par une approche conceptuelle et philosophique, axée sur la théorisation et l'analyse plutôt que sur la pratique. Cela crée une dynamique où l'on reste souvent dans l'attente, car peu d'entre elles détaillent explicitement comment elles envisagent de concrétiser leurs recherches en actions tangibles en dehors des colloques et journées d'étude. Parfois, leurs travaux demeurent hermétiques pour un public moins instruit. Ce féminisme organisé met l'accent sur la diversité, mais il est structuré autour d'un modèle « racisé » qui s'oppose au modèle « blanc », entraînant une lutte pour le leadership entre ces deux mouvements, ce qui reflète des enjeux complexes au sein des groupes. Cette hypothèse de la non-représentativité ne constitue-t-elle pas une exagération, en faisant du féminisme un terrain de conflits « internes », entre l'Orient et l'Occident, entre Noir et Blanc, entre islamiste et musulmane, intersectionnel et traditionnel, etc.

Les observations de Chanda Mohanty50 se concentrent sur la théorie féministe transnationale. Elle remet en cause l'universalisme du féminisme blanc, en avançant les arguments que celui-ci impose son modèle d'émancipation aux femmes du tiers-monde et dénonce les rapports de domination des femmes blanches. Cette critique est partagée par Bell Hook : « *Parler de race et de classe ne servait pas les intérêts des féministes blanches des classes moyenne et supérieure. C'est pourquoi une grande partie de la littérature féministe, bien qu'elle offre des informations importantes concernant les expériences des femmes, est à la fois raciste et sexiste par son contenu.* » (Hook, 2015, P.288). Certaines avancées obtenues par les mouvements antiracistes sont le résultat d'un engagement dans un cadre universel qui défend les droits fondamentaux de la personne, une approche qui aurait pu être utilisée par le féminisme islamiste et l'approche intersectionnelle. Car, il ne peut pas se limiter à une perspective identitaire, raciale ou religieuse, ce qui ne peut conduire qu'à des fractures au sein des mêmes groupes, comme cela avait été le cas pour les séculaires. De plus, il convient de rappeler que bien avant l'émergence de ce féminisme, les musulmanes s'étaient lancées dans les réinterprétations et les relectures du Coran afin de progresser dans leurs revendications sociopolitiques. Et, comme nous l'avons abordé, elles n'agissaient pas comme « féministes islamistes », car elles avaient compris que la notion de l'universalité et des principes humains sont inscrits indépendamment de toute spécificité et différence. Et, que tous les individus sont égaux et doivent jouir des mêmes droits fondamentaux ! Dans cette optique adoptée par la charte des Nations Unies, il n'y a pas de valeurs particularisées basées sur telle ou telle altérité. Et marquer justement sa différence en se cloisonnant dans la religion, dans le communautaire, en délaissant l'universel et en ne se reconnaissant que parmi les siens [noires, islamiques, homosexuels, handicapés... etc.] est un féminisme sur commande. Aussi, dissocier les valeurs islamiques des valeurs universelles sous-entend qu'elles ne sont pas compatibles.

FÉMINISTES CITÉES DANS LE TEXTE

MALAK HIFNI NASIF : (1886 -1918), est une féministe égyptienne, née dans une famille de classe moyenne. Elle poursuit des études au collège Saniyyah qui forment des enseignants, et après l'obtention de son diplôme en 1903, elle enseigne dans une école primaire jusqu'en 1907, date de son mariage. La loi égyptienne interdit aux femmes mariées d'enseigner. Vivant à la compagne elle écrit sous le pseudonyme de Bahithet el badiya (la chercheuse de la compagne), notamment sur la condition de la femme en découvrant que son mari avait une seconde épouse. Elle a contribué à promouvoir les droits des femmes au début du XXe siècle. Pour autant, elle a adopté des points de vue spécifiques, soulignant que les aspirations et les valeurs des femmes en Égypte ne sont pas forcément les mêmes qu'en Occident. Elle tisse des liens avec May Ziadi qui lui consacre une biographie.

NAZIRA ZAYN AL-DIN : (1908–1976) fille d'un juge à la Haute Cour d'appel du Liban, est une érudite d'origine druze. Elle a étudié dans une école catholique française. Après l'obtention avec succès de son diplôme du lycée français laïque, classée première parmi tous les élèves (garçons et filles), elle décide de ne pas poursuivre les études et commencer une carrière d'écrivain. Elle a passé sa vie à écrire et dénoncer les conditions féminines dans sa société, le port du voile également.

NACIRA GUENIF-SOUILAMAS : (1959) fille d'immigrants algériens, est née en France, sociologue et anthropologue, professeur des universités à l'université Paris-VIII. Ses recherches se portent sur les questions du genre et de l'ethnicité. Boursière en 2009 au Wellesley Collège et à l'université Columbia (département Moyen-Orient et d'Asie langues et cultures. Nacira Guénif est membre du réseau de recherche et de publication « Terra », et vice-présidente de l'Institut des cultures d'Islam de la mairie Paris, situé dans le quartier de la Goutte d'Or.

AMINA WADUD : (1952) Afro-Américaine née d'un père pasteur méthodiste et d'une mère dont les ancêtres étaient des esclaves musulmans, dont les origines arabes, berbères et africaines remontentjusqu'au VIIIe siècle.
Wadud fait ses études à l'université de Pennsylvanie de 1970 à 1975. En 1972, elle se convertit à l'islam. Professeure d'études islamiques de l'université du Commonwealth de Virginie, elle est

la première femme à diriger le sermon introductif (khutba) dans la mosquée du Cap en Afrique du Sud (Claremont Mosque) en avril 1994.

AICHA TAYMOUR : (1840-1902) est l'une des femmes de lettres dont les écrits, poésies, essais, et romans témoignent de l'émergence d'une sensibilité féministe. Elle est notamment l'auteure de Miroir de la contemplation dans la situation œuvre dans laquelle elle étudie les relations homme/femme. Le cratère vénusien Al-Taymuriyya a été nommé en son honneur.

SAFIYA ZEGHLOUL : (1876-1946) issue d'une famille turque, elle est femme politique et une féministe égyptienne. Elle est parmi les premiers dirigeants du parti Wafd et anime le mouvement féminin de cette organisation.

MARIE AJAMI : (1888-1965) journaliste, poète, enseignante et féministe libano-syrienne, née dans une famille catholique, elle passe sa scolarité à Damas au sein d'institutions missionnaires russes et irlandaises. Elle a vécu en Syrie, au Liban, en Irak, en Palestine et en Égypte.

ZAYNAB FAWAZ : [1860-1914], née dans une famille chiite pauvre, obscure et illettrée du village de Tabnīn, dans le sud du Liban. Les sources s'accordent à dire qu'elle était servante au palais Al Bey al-Asad al-aghr. Elle trouve auprès de l'épouse du prince Fimah al-Khal, une alliée et conseillère. Elle divorce d'un domestique qu'elle avait épousé et s'installe en Alexandrie. Sous la direction du poète Hassan Husni Pasha Al-Tuwayrani et propriétaire du magazine Al-Nil, elle commence à écrire des sujets concernant les femmes et leurs droits. Elle fonde par la suite un salon littéraire.

DORIA SHAFIK : (1908-1975) universitaire, journaliste, enseignante et militante égyptienne avait étudié dans les universités du Caire et de La Sorbonne. Elle avait lutté pour les droits de la femme, arguant que l'Islam parle de l'égalité des femmes et n'exige ni voile ni domesticité. Elle créa un magazine et une association féministe de classe moyenne pour promouvoir l'alphabétisation et les droits politiques des femmes et un parti politique La fille du Nil. Entame notamment une grève de la faim, et réussie à se faire entendre. La nouvelle constitution égyptienne accorde le droit de vote. Contrainte à une assignation à domicile pour ses activités politique. Soumise à de multiples pressions, elle finit par se suicider.

HUDA SHAARAWI : (1879 —1947) pionnières du mouvement féministe égyptien et arabe. En 1908, elle fonde un dispensaire accompagné d'une école, donnant des enseignements de puériculture et d'hygiène domestique. Elle lance une revue bimensuelle en langue française puis également en langue arabe L'Égyptienne (Al-Misriyah), avec comme sous-titre « Féminisme, sociologie, art », et qui se consacre à la défense des droits des femmes dans le monde arabe. Mais à la création de la Ligue arabe, quelques mois après, elle se plaint du peu de représentations des femmes : « La Ligue dont vous avez signé le pacte hier n'est qu'une moitié de Ligue, la Ligue de la moitié du peuple arabe ».

CEZA NABARAWI : (1897 – 1985) est une journaliste et militante féministe égyptienne. Elle a fréquenté une école de couvent à Versailles, poursuivant par la suite des études à l'Institut Saint-Germain des Prés à Paris, et de retour en Égypte, elle rejoint l'école française Les Dames de Sion à Alexandrie. Nabarawi et Shaarawi sont les fondateurs de l'Union féministe égyptienne qui réclamait les droits politiques des femmes égyptiennes. Elle était rédactrice en chef du magazine l'Égyptienne.

HABIBA MENCHARI : (1907 — 1961) est une féministe socialiste tunisienne. Scolarisée à l'école française, elle obtient un brevet élémentaire au lycée Armand-Fallières puis devient greffière au tribunal de Tunis. Elle devient membre de la section féminine de la SFIO [Section française de l'Internationale ouvrière]. Le 8 janvier 1929, elle prend la parole, à visage découvert, dans une réunion publique, organisée par L'Essor, une association culturelle de gauche. Son sujet de conférence a un titre explicite : « La femme musulmane de demain. Pour ou contre le voile. »

FATIMA BENOSMANE ZEKKAL [1928-1990] militante nationaliste algérienne nationaliste et moudjahida durant la guerre de Révolution algérienne. Elle a milité au sein du Mouvement national algérien [MNA], Parti du peuple algérien [PPA] et Mouvement pour le triomphe des libertés démocratiques [MTLD], puis au Front de libération nationale [FLN]. Elle a participé avec Mamia Chentouf, le 24 juin 1947, à la fondation de l'Association des femmes musulmanes algériennes [AFMA].

SHAHLA SHERKAT, auteure iranienne, journaliste et féministe musulmane d'origine iranienne. Elle est la fondatrice et éditrice de la revue Zanân qui a été l'un des porte-parole les plus actifs du féminisme islamique, s'intéressant tout autant aux politiques réformistes en Iran qu'aux cas de violence domestique ou à la sexualité. Considérée comme l'une des pionnières du mouvement de libération des femmes en Iran. Elle a fait des études de psychologie à l'Université de Téhéran et détient un certificat en journalisme de l'Institut Keyhan [Téhéran].

ASMA LAMRABET : [1961] est médecin biologiste, essayiste et féministe musulmane. Médecin volontaire en Espagne et en Amérique latine, principalement au Chili et au Mexique, pendant huit ans à partir de 1995. À partir de 2004 jusqu'en 2007, elle est de retour au Maroc, où elle organise un groupe de femmes musulmanes intéressées par la recherche et par la réflexion sur l'Islam et le dialogue interculturel. En 2008, elle devient présidente et membre du conseil d'administration du Groupe international d'étude et de réflexion sur les femmes en Islam [GIERFI], basé à Barcelone. En 2011, elle devient directrice du Centre des études féminines en Islam au sein de la Rabita Mohammadia des oulémas du Maroc. Elle est auteure de plusieurs ouvrages sur les femmes et l'islam.

NAWAL EL-SAADAWI [1931] : nommée la « Simone de Beauvoir du monde arabe » est médecin spécialisé en santé mentale. Elle consacre sa carrière professionnelle à la défense des droits politiques et sexuels des femmes. Ses prises de position et ses livres lui coûtent son poste au ministère de la Santé, ainsi que deux mois d'emprisonnement, expérience qui a été l'inspiration de « Mémoires de la prison pour femmes » Nawal a été cofondatrice de l'Association arabe pour les Droits de l'Homme et fondatrice de l'Association de Solidarité des Femmes arabes. Les menaces de groupes islamistes l'amenèrent finalement à vivre à l'étranger. Elle revint cependant en Égypte en 2011 avec le début du printemps arabe.

LALEH BAKHTIAR [1938] : né d'une mère américaine et d'un père iranien, auteure, traducteur et psychologue clinicien. Elle traduit le Coran en anglais en 2007 [critiquée pour s'être reposée sur des traducteurs anglais], elle est l'auteure d'une vingtaine de livres consacrés à l'islam et le soufisme.

BELL HOOK [1952]: née Gloria Jean Watkin est une féministe afro-américaine militant dans le courant black feminism. Elle est née dans une famille pauvre, ouvrière avec cinq sœurs et un frère. Sa condition de fille pauvre et noire a forgé son caractère et inspire ses engagements. Elle a publié une trentaine de livres traitant de la race, des classes et du genre se basant sur la perpétuation des systèmes d'oppression et de domination. Elle a obtenu son doctorat au département littérature de l'université de Californie à Santa Cruz.

ANGELA DAVIS [1944] : née Angela Yvonne Davis en Alabama, militante des droits de la personne, professeur de philosophie et militante des droits civiques aux États-Unis a été marquée dans sa jeunesse par son expérience du racisme et de la ségrégation raciale. Membre des Blacks Panthers et activant dans le black feminism, elle a géré notamment en tant que directrice le département d'études féministes à l'université de Californie. Parmi ses œuvres les plus marquantes « Femmes, race et classe » aux éditions dans sa traduction française aux éditions Des femmes, Antoinette Fouque, 2007

NADIA YASSINE [1958] : femme politique marocaine de la mouvance islamiste, porte-parole de du mouvement Al Adl Wal Ihsane [Justice et Spiritualité]. Elle obtient une licence en Sciences politiques à l'université Sidi Mohamed Ben Abdellah de Fès. Après avoir enseigné comme professeur de français dans les années 80, elle se lance dans la politique. Elle écrit son premier livre en 2003 Toutes voiles dehors, puis un roman en août 2012, Nadia Yassine publie Le Silence de Shahrazade.

FATIMA MERNISSI [1940-2015] : féministe marocaine, diplômée en sciences politiques et docteur en sociologie, lauréate de plusieurs distinctions. Après avoir étudié différentes versions du Coran, Fatima avait défendu le postulat selon lequel le prophète Mahomet était un homme féministe et progressiste pour son époque. Elle avait souligné en outre que ce n'était pas lui, mais d'autres hommes qui commencèrent à considérer le sexe opposé comme des êtres de seconde classe. Elle développe ces théories dans Le harem politique, le prophète et ses femmes.

MAY ZIADI [1886-1941] : est une poétesse, écrivaine, journaliste et essayiste libanaise, née Marie Ziadé à Nazareth, pionnière du féminisme oriental, elle se préoccupait de la condition des femmes dans ses articles journalistiques et œuvres de fiction. Elle a commencé à écrire vers l'âge de seize ans, en collaborant à des périodiques. Et en 1910, elle publie son premier recueil de poésies « les fleurs du rêve » sous le pseudonyme d'Isis Copia. Connue pour sa correspondance amoureuse avec le poète Gibran Khalil Gibran, qui va durer dix-sept ans [entre 1912 et 1931] et s'arrêter à la mort du poète à qui elle était restée fidèle renonçant au mariage.

HEBA RAOUF EZZAT [1965] : écrivaine, militante politique et conférencière, invitée à l'Université américaine du Caire et professeur de sciences politiques à la Faculté d'économie et de Sciences politiques de l'Université du Caire. Diplômée en sciences politiques de l'université du Caire en 1987, puis un master en Sciences sociales « Les femmes et le travail politique : une vision islamique », elle obtient son doctorat en Sciences politiques en 2007.

KIMBERLE CRENSHAW [1959] : née à Canton, féministe et professeure à la UCLA School of Law et la Columbia Law School, spécialiste dans les questions de race et de genre ainsi qu'en loi constitutionnelle. Elle est particulièrement connue pour avoir développé le concept d'intersectionnalité pour parler de l'intersection entre le sexisme et le racisme subit par les femmes afro-américaines. L'intersectionnalité étudie les identités collectives plutôt que les trajectoires individuelles. Ses centres d'intérêt sont les droits civiques, le black feminism, l'étude du genre, le concept du racisme et de la race et leurs liens avec la loi.

CHAHLA CHAFIQ [1954] : est une écrivaine iranienne, auteure de plusieurs livres sur la dimension totalitaire de l'islamisme, ainsi que des œuvres littéraires. Elle fuit le régime Khomeiny en 1983, s'exilant en France où elle obtient son doctorat en sociologue de l'Université Paris-Dauphine en 2009. Son dernier essai, Islam politique, sexe et genre, a reçu le prix Le Monde de la recherche universitaire.

ZAÏNAH ANWAR [1954] : militante musulmane malaisienne, fondatrice de l'organisation non gouvernementale Sisters in islam en 1987 qui milite en faveur de réformes légales garantissant l'égalité homme/femme dans les institutions et dans la famille. Elle participe à la création du mouvement international Musawah ouvrant pour l'égalité et la justice dans la famille musulmane. Elle débute après l'obtention de son diplôme de l'université Technologique MARA à Shah Alam en 1972 en tant que journaliste

New Straits Times. Puis repars étudier à Boston [É.-U.] en droit international jusqu'en 1986. Entre 1991 à 1994, elle est directrice de programme à la Division des Affaires politiques du Commonwealth, à Londres.

ALI ZAHRA : était doctorante au CADIS [EHESS-CNRS]. Elle a soutenu sa thèse le 26 octobre 2015 à l'École des Hautes Études en Sciences sociales : « Les femmes et le genre en Irak. Entre construction nationale et fragmentation » Fille de réfugiés politiques irakiens, elle arrive en France dans les années 1980. À 15 ans, elle milite dans une association de femmes musulmanes à Rennes, puis s'engage en 2004 dans le collectif « Féministe pour l'égalité ». Elle s'oppose à la marginalisation dont sont victimes les femmes voilées, y compris par des militantes féministes, et porte elle-même le voile [qu'elle a retiré]. Elle est professeure-assistante à Rutgers University-Newark.

MALIKA HAMIDI : est née à Melun, en région parisienne, dans la seule famille d'Algérienne du village. Son père est ouvrier, sa mère est sans emploi. Après une licence en anglais à Paris, elle s'engage sur le terrain comme assistante sociale. Elle s'inscrit en master en sciences de l'éducation puis obtient un doctorat en sociologie à l'École des hautes études en sciences sociales. Lors d'un séminaire de Présence musulmane en 1998, elle découvre le féminisme islamique. En 2008 en Espagne, elle cofonde le groupe international d'étude et de réflexion sur les femmes en Islam [GIERFI] avec Asma Lamrabet. Elle s'inscrit alors en DEA et étudie le féminisme islamique se concentrant sur l'émergence du mouvement féministe en France. En 2015, elle soutient une thèse doctorale intitulée « Féministes musulmanes dans le contexte postcolonial de l'Europe francophone : stratégies identitaires et mobilisations transnationales ».

QUELQUES COURANTS FÉMINISTES

LE FÉMINISME ÉGALITAIRE LIBÉRAL : il est apparu au début des années 1900 dans le but de réduire l'inégalité et la discrimination des femmes. Il s'est battu notamment pour l'éducation des femmes et pour le suffrage universel féminin. Ce courant est toujours d'actualité et s'articule toujours pour l'égalité homme/femme et pour l'accès à des postes de pouvoir dans les milieux politiques et économiques.

Figure de proue : Simone de Beauvoir.

Livre phare : Défense des droits des femmes de Mary Wollostonecraft (écrit en 1797) (dernière édition Gallimard 2016).

FÉMINISME DIFFÉRENTIALISTE/ESSENTIALISTE présent dès le début du 20e siècle, apparu en France début des années 70. Et, comme l'indique le mot différence, affirme une identité propre à chaque femme. Ce qui le distingue, c'est qu'il met en avant la différence sexuelle et non sociale avec une essence féminine (maternité-corps-expérience-équité-cycle). Il s'inscrit ainsi dans la culture et non la politique et dans les domaines spirituels, artistiques ou littéraires. Il s'est développé en France dans les années 70.

Figure de proue : Antoinette Fouque.

Livre phare : Ce sexe qui n'en est pas un de Luce Irigaray (Éditions de Minuit, 1977.)

LE FÉMINISME ANARCHISTE OU ANARCHA-FEMINISME : il s'est manifesté au siècle dernier à travers le mouvement anarchiste, puis plus autonome sous la houlette des féministes libertaires. C'est entre 1896 et 1897 que la première publication anarcha-féministe est publiée (neuf numéros) sous le titre de La voz de la Mujer (La voix de la femme) sous l'épigraphe de « Ni dieu, ni patron, ni mari ». Ce mouvement s'oppose aux conceptions traditionnelles de la famille, l'éducation, critique du mariage.

Figure de proue : Virginia Bolten.

Livre phare : The Politics of Individualism: Liberalism, Liberal Feminism and Anarchism de Susan Brown, (éditions Black Rose Books, 1993)

LE FÉMINISME RADICAL : Il émerge à la fin des années 1960 aux États-Unis, en Angleterre, au Canada et en France, dans ce qu'on appelle la « seconde vague féministe ». Ce courant théorique et militant va au-delà de l'idée simple d'inégalité ou de discrimination en parlant d'oppression des femmes. Il utilise le concept du patriarcat pour décrire un système à travers lequel les hommes dominent les femmes, les contrôlent et les assignent à la sphère privée. À l'intérieur du féminisme radical, on observe le développement du féminisme lesbien, qui critique notamment l'hétérosexisme, c'est-à-dire la discrimination et la préférence sociale en faveur de l'hétérosexualité. Ce courant met en lumière les relations de pouvoir fondées sur le genre et remet en question les structures sociales qui maintiennent les femmes dans une position de subordination.

Figure de proue : Valerie Solanas

Livre phare : The Dialectic of Sex: The Case for Feminist de Revolution de Shulamith Firestone (éditions Morrow, 1970) et La dialectique du sexe (Stock éditions 1972)

LE BLACK FEMINISM/FÉMINISME DE COULEUR : Il est apparu au sein même du Black Nationalism dans les années 60/70. Les femmes de couleur ne se reconnaissent pas dans le féminisme blanc qui ne prend pas en compte leur spécificité autant que femmes de couleur, alors qu'elles subissent de multiples discriminations : racisme, patriarcat, capitalisme, sexisme, ségrégation raciale.

Figure de proue Audre Geraldine Lorde.

Livre phare : Ne suis-je pas une femme ? de Bell Hook (aux éditions Cambourakis, 2015)

LE FÉMINISME INTERSECTIONNEL : crée en 1989, il est presque une ramification du Black feminism, tant il s'attaque aux mêmes maux qui asservissent et oppressent les femmes, liées au genre, à la classe et au racisme. La lutte contre autoritarisme patriarcale est déclassée au profit de la lutte antiraciste et anticolonialiste.

Figure de prouve Kimberlé Williams Crenshaw.

Livre phare : La pensée féministe noire de Patricia Hill Collins

Le FÉMINISME ISLAMISTE : il apparaît au début des années 90 dans plusieurs pays occidentaux et musulmans, mais les chercheurs localisent son émergence à partir de l'Iran. Il fond ses théories sur la primauté du texte sacré par lequel on peut atteindre l'égalité des femmes. Il défend un ensemble de pensées et d'argumentaires qui fait du Coran l'unique source légitime.

Figure de proue Asma Lamrabet.

Livre phare : Le Coran et les Femmes : Relire les Textes sacrés à partir d'une Perspective féminine d'Amina Wadud

LE FÉMINISME POSTMODERNE : C'est au tournant des années 1990 que naît le féminisme postmoderne à la suite d'autres mouvements féministes critiques à l'égard du féminisme classique. Il se profile comme l'héritier du féminisme et du marxisme. Un courant qui réfute l'unité du mouvement des femmes, et fait valoir la diversité des situations. Il se fonde sur l'idée que le sexe (ou le genre) est une construction sociale qui s'opère par le langage. Il est centré sur le discours, le langage et la théorie. Le transféminisme est la convergence du féminisme postmoderne et des luttes trans.

Figure de proue : Hélène Cixous

Livre phare : Trouble dans le genre. Le féminisme et la subversion de l'identité de Judith Butler (éditions Routledge 1990 et *La découverte* 2005 [version française]

L'ECOFEMINISME : la jonction entre le féminisme et l'écologie a donné naissance à ce courant dans les années quatre-vingt comme réactions face à l'exploitation des ressources naturelles et des conséquences engendrées comme d'importantes catastrophes écologiques. Les femmes se sentent concernées par la détérioration de l'environnement qui a un impact direct sur leurs conditions de vie. Elles s'impliquent tout en défendant leur droit à défendre notamment l'environnement.

Figure de proue : Vandana Shiva.

Livre phare : Woman and Nature: the Roaring Inside Her de Susan Griffin [editions, The Women's Press Ltd,1984 — pas de traduction en Français].

NOTES ET BIBLIOGRAPHIE

1 Djahnine, H., Fabbiano, G. et Guénif, N. [2020]. Une poétique féministe de l'Algérie en lutte. Mouvements »
2 Margot Badran, « *Féminisme islamique : qu'est-ce à dire ?* », in Zahra Ali, Féminismes islamiques, *La Fabrique,* 2012, p. 41.
3 Ibn Arabi, Al-Futûhât al-Makkiyya, Beyrouth, Dâr Sâdir, 1997, volume 2, chapitre 99, p. 83
4 MERNISSI, Fatima, *Le harem politique : Le Prophète et les femmes,* Paris, Albin Michel, 1989.
2 http://www.lallab.org/association
3 Kian, Azadeh, *Femmes et pouvoir en islam,* éditions Michalon, Paris, 2019, p.188
4 À ce sujet, Kaltner écrit : « there is no suggestion in the Qur'an of a chosen people set apart to enjoy a special relationship with Allah. Islam maintains that all people are born Muslims ['sublitters' to the divine will]. It is impossible for Allah to choose some for salvation while excluding the rest » [2002 : 23].
5 Sahih Boukhâri, vol. 1, livre 9, hadith n° 490.
6 Sahih al-Boukhâri hadith n° 5487.
7 ABOU, Oussama et DIF, Malika, « *Les premières femmes de l'islam* » [Tome II] As-Sahabiyat, éditions Tawhid, 2013, p. 39 et 48.
8CHAFIK, Chahla, Le problème avec le féminisme islamiste, in https://bibliobs.nouvelobs.com/idees/20160308.OBS5966/le-probleme-avec-le-feminisme-islamique.html
9 Politologue et auteure turque spécialisée dans la politique de genre, la politique turque, les femmes dans la politique turque et les mouvements de femmes en Turquie.
10 AFSHAR, Halleh professeur en studies of women, gender and sexuality attribua le mot féministe à ces femmes du fait qu'elles

disaient haut et fort leurs désirs de découdre avec la suprématie masculine et de devenir des actrices sociopolitiques.

11 Idjtihad est un effort de réflexion désigne que les érudits musulmans entreprennent pour interpréter les textes fondateurs de l'islam et en déduire le droit musulman.

12 Tafsir Terme arabe dont la traduction est interprétation, il désigne une exégèse du Coran.

13 « Ô gens ! Craignez votre Seigneur qui vous a créés à partir d'un seul et même souffle vital. Il lui en créa sa propre épouse et il dissémina à partir d'eux des hommes en grand nombre et des femmes et craignez Dieu au nom de qui vous vous implorez les uns les autres ainsi que les matrices, car Dieu vous observe en permanence. » [4 : 1]

14 FIS, un parti politique islamiste algérien derrière la décennie noire survenue en Algérie dans les années 90 où le terrorisme islamiste a été d'une extrême violence.

15 MORSLY, Dalila, Discours sur les femmes, in Andrée Dore-Audibert et Souad Khodja [dir.], *Être femme au Maghreb et en Méditerranée*, Paris, Karthala, 1998, p. 133-134.

16 KHOSROKHAVAR, Farhad, L'Islam des femmes, Paris, Flammarion, 1997, p.117

17 Amir-Shahram Kholdi, « Haq-e Hayat-e Zananeh va Qara'at-e Dini va Qeyr-e Dini-ye Haq-e Hayat » [Les droits de vie des femmes et les lectures religieuses et non religieuses du droit de vie], Jami'ih-e Sâlim, janvier 1996, n° 24, p. 48-49.

18 idem

19 JAYAWARDENA, Kumari *"Feminisme et Nationalisme dans le tiers-monde "* London, Zed Books, 1986.

20 THIEBAUT, Azadeh-kian : « Mouvements de femmes en Iran : entre l'islam et l'occident », in actes du colloque, Vents d'Est, Vents d'Ouest, mouvements de femmes et féminismes anticoloniaux. Collectif sous la direction de Christine Verschuur

21 idem

22 ZIAD, May, « Bahissat El-Badia : biographie de Malak Hifni Naser » in œuvres complètes, éd. Naufal, 1982, 1. 1, p. 135.

23 Cité par Carmen Boustani in « May Ziadé : vies et écriture » Carnet du Grif in http://www.persee.fr/doc/grif_0770-6081_1990_num_43_1_1836

23 DECHALOTTE Mélanie « Féminisme islamique la voie du pragmatisme » http://www.lemondedesreligions.fr/mensuel/2015/71/feminisme-islamique-la-voie-du-pragmatisme-06-05-2015-4680_215.php

24 MUSSEAU, François, « Amina Wadud : Nous voulons être des musulmanes modernes », in Libération, 2 novembre 2005.

25 Un champ d'études interdisciplinaire qui explore la politique, la société, les médias et l'histoire depuis des perspectives féminines et/ou féministes.

26 Entretien avec Amina Wadud dans le magazine indien Frontline in https://www.pbs.org/wgbh/pages/frontline/shows/muslims/interviews/wadud.html

27 idem

28 MUSSEAU, François, Amina Wadud : Nous voulons être des musulmanes modernes [archive], in Libération, 2 novembre 2005 [sur le site de la Commission Islam et laïcité de la Ligue des droits de l'homme]

29 CHEMS, Youssef « Nadia Yassine préfère la République à la Monarchie » in https://www.saphirnews.com/Nadia-Yassine-prefere-la-Republique-a-la-Monarchie_a1582.html

30 Le Nouvel Observateur, « Femmes : les "deux Maroc" dans la rue », in https://www.nouvelobs.com/monde/20000313.OBS2803/femmes-les-deux-maroc-dans-la-rue.html

31 MARTINEZ, Emmanuel, « Entrevu avec Nadia Yassin, Féminisme islamique », in http://journal.alternatives.ca/spip.php article4140

32 KRISTIANASEN, Wendy, « Débats entre femmes en terre d'islam », monde diplomatique in https://www.monde-diplomatique.fr/2004/04/KRISTIANASEN/11108

33 STEINVORTH, Daniel, « Our Religion Is Friendly to Women », In http://www.spiegel.de/ international/world/interview-with-moroccan-islamist-nadia-yassine-our-religion-is-friendly-to-women-a-492040.html

34 Idem

35 Idem

36 Tirés de l'échange épistolaire entre Heba Ezzat Raouf et Emran Qureshi est journaliste et expert de l'islam et des droits humains, membre du Carr Center for Human Rights Policy à l'Université de Harvard. Son dernier livre, paru en 2004, s'intitule The New Crusades : Constructing the Muslim Enemy.

37 Idem

38 Idem

39 MATAILLET, Dominique, Le verset qui fâche, in http://www.jeuneafrique.com/107319/archives-thematique/le-verset-qui-f-che/

40 LAMILI, Nadia « Asma Lamrabet : Le Coran n'a jamais été discriminatoire à l'égard des femmes » in http://www.jeuneafrique.com/423710/societe/asma-lamrabet-coran-na-jamais-ete-discriminatoire-a-legard-femmes/

41 Idem

42 MUSSEAU, François, « Amina Wadud : Nous voulons être des musulmanes modernes », in Libération, 2 novembre 2005.

43 https://www.lexpress.fr/actualite/societe/ces-feministes-qui-defendent-le-voile_904685.html

44 Rokhaya Diallo, née le 10 avril 1978 à Paris, est une journaliste française, réalisatrice et écrivaine. Ex-

militante associative, elle se présente comme antiraciste et féministe. Ses prises de position sont à l'origine de diverses controverses. Elle est l'auteure de plusieurs livres comme Racisme : *mode d'emploi, Comment parler de la laïcité aux enfants, À nous la France...* Elle a aussi réalisé plusieurs documentaires parmi lesquels Les Marches de la liberté, Les Réseaux de la haine ou De Paris à Ferguson : coupables d'être noirs.

45 Chadortt Djavann Bas le voile, éditions Gallimard, Paris, 2006.
46 MASSENAasséna, Florence "La lente émergence d'un féminisme musulman" in:
http://www.lavie.fr/actualite/societe/la-lente-emergence-d-un-feminisme-musulman-19-10-2012-32333_7.php
47 DORLIN, Elsa. « Black Feminism Revolution! » La Révolution du féminisme noir aux États-Unis In : Genre, postcolonialisme et diversité de mouvements de femmes [en ligne] : <http://books.openedition.org/iheid/5897>. ISBN : 9 782 940 ? 503 926. DOI : 10 400 ? 0/books.iheid.5897.
48 Voir le site web : http://www.lallab.org/on-sest-battues-pour-quelles-lenlevent/).
49 paru dans L'Homme & la Société (n° 158), pages 169 à 188
50 professeure émérite d'études des femmes et du genre, de sociologie et des fondements culturels de l'éducation et professeure du doyen des sciences université de Philadelphia.

BIBLIOGRAPHIE

Ali, Zahra Féminisme islamique, Paris, éditions La fabrique, 2012, p.48.

MORSLY, Dalila, Discours sur les femmes, in Andrée Dore-Audibert et Souad Khodja (dir.), Être femme au Maghreb et en Méditerranée, Paris, Karthala, 1998.

KHOSROKHAVAR, Farhad, L'Islam des femmes, Paris, Flammarion, 1999.

JAYAWARDENA, Kumari "Feminisme et Nationalisme dans le tiers-monde ", London, Zed Books, 1986.

BADRAN, Margot et COOKE, Miriam (dir.), Opening the Gates, à Century of Arab Feminist Writing, Londres, Virago Press, 1990.

GOLLEY, Nawar Al-Hassan Reading Arab Women's Autobiographies, Shahrazad Tells Her Story, Austin, University of Texas Press, 2003.

BADRAN, Margot et COOKEN Miriam, Opening the Gates, à Century of Arab Feminist Writing, Londres, Virago Press, 1990.

ZIADE, May, "Bahissat El-Badia: biographie de Malak Hifni Naser," in oeuvres complètes, éd. Naufal, 1982.

BENSLAMA, Fethi, La nuit brisée : Muhammad et l'énonciation islamique, Paris, Ramsay 1988, p.138.

ABDELOUAHED, Houria, « Figures du féminin en islam », Paris, PUF, 2012.

ABOU, Oussama et DIF, Malika, « Les premières femmes de l'islam » (tome II) As-Sahabiyat, Tawhid, 2013.

ABDULLUH, Ali, "Le Prophète de l'islam " El-Najah, Tome 1

SAINT-PROT, Charles, « Islam, l'avenir de la Tradition entre révolution et occidentalisation » Paris, Le Rocher, 2008.

THIEBAUT Azadeh — Kian et LADIER FOULADI, Marie — « Famille et mutations sociopolitiques, l'approche culturaliste à l'épreuve » Paris, de la MSH. 2013.

Hamidi, Malika « Un féminisme musulman, et pourquoi pas » Tour d'Algues, De l'aube, 2017.

SBILINI Marwan « Femme en islam d'après le Coran et les hadiths », Versailles, de Paris, 2007.

HOOK, Bell « Ne suis-je pas une femme » Paris, Cambourakis, 2015.

LAMRABET, Asma « Femmes, islam, Occident : chemins vers l'universel », Paris, Séguier 2011

COMMISSION, islam et laïcité « Existe-t-il un féminisme islamique » Paris, le Harmattan, 2007.

MARABET, Esma « L'islam et les femmes : les questions qui fâchent », éditions, En toute lettres, 2017.

Kian, Azedeh, « Femmes et pouvoir en islam » éditions Michalon, Paris, 2019.
Vergès Françoise, « Un féminisme décolonial », éditions La fabrique, Paris, 2019.

BARLAS, Asma « Believing Women in Islam: Un reading Patriarchal Interpretations of the Qur'an ». Austin, Texas: University of Texas Press, 2002 (p. 12).
MERNISSI, Fatma, Le Harem politique, Paris, éditions Albin Michel, 1987.

YASSINE, Nadia « Toutes voiles dehors » Alter Éditions, Épinay-sur-Seine, 2003.

Eltahawy, Mona, Foulards et hymens, éditions Belfond, Paris 2015.

RESSOURCES ELECTRONIQUES

Chafiq, Chahla, « Le problème avec le "féminisme islamique" in https://bibliobs.nouvelobs.com/idees/20160308.OBS5966/le-probleme-avec-le-feminisme-islamique.html

B. SHAABAN, 'The Muted Voices of Women Interpreters,' in M. AFKHAMI (ed.), Faith and Freedom. Women's Human Rights in the Muslim World, Syracuse, Syracuse University Press, 1995, p. 61–76.

ABDALLAH, Stéphane Latte, 'Féminismes islamiques et postcolonialités au début du XXIe siècle', in https://www.cairn.info/revue-tiers-monde-2012-1-page-53.htm

MOHANTY, Chandra Talpade, "sous les yeux de l'occident : recherches féministes et discours coloniaux » in https://books.openedition.org/iheid/5882?lang=fr

BADRAN, Margot, 'Le féminisme islamique en mouvement', in 'Existe-t-il un féminisme musulman ?' livre issu d'un colloque à Paris, septembre 2006, organisé par la Commission Islam et laïcité, en collaboration avec l'UNESCO.

GUENIF-SOUILAMAS, Nacira, Féminisme et islam : ne pas confondre religion et patriarcat, in https://www.saphirnews.com/Nacira-Guenif-Souilamas-

Feminisme-et-islam-ne-pas-confondre-religion-et-patriarcat_a11829.html

SHAHRAM KHOLDI, Amir, "Haq-e Hayat-e Zananeh va Qara'at-e Dini va Qeyr-e Dini-ye Haq-e Hayat", (Les droits de vie des femmes et les lectures religieuses et non religieuses du droit de vie), Jami'ih-e Sâlim, janvier 1996, n° 24, pp. 48–49

MOGHADAM, Valentine 'Qu'est-ce que le féminisme musulman ? Pour la promotion d'un changement culturel en faveur de l'égalité des genres, in 'existe-t-il un féminisme musulman ? » livre issu d'un colloque à Paris, septembre 2006, organisé par Islam et laïcité, en collaboration avec l'UNESCO. En ligne [archive], p. 43-49 (fr).

BADRAN, Margot, "où en est le féminisme islamique " in https://www.cairn.info/revue-critique-internationale-2010-1-page-25.htm#re3no56

BADRAN, Margot, Towards Islamic Feminisms: A Look at the Middle East'

EL-BERNOUSSI, Zaynab, Le dur combat des femmes musulmanes contre la tradition, in https://orientxxi.info/magazine/le-dur-combat-des-femmes-musulmanes-contre-la-tradition,2511

THIEBAUT, Azadeh-kian, 'Mouvements de femmes en Iran : entre l'islam et l'occident', in actes du colloque, Vents d'Est, Vents d'Ouest, mouvements de femmes et féminismes anticoloniaux. Collectif sous la direction de Christine Verschuur https://books.openedition.org/iheid/6312 lang=fr

BOUSTANI, Carmen in "May Ziadé : vies et écriture" Carnet du Grif in http://www.persee.fr/doc/grif_0770-6081_1990_num_43_1_1836

AL GHARBI, Iqbàl "Islam, femme et mémoire" in http://www.iemed.org/observatori/arees-danalisi/arxius-adjunts/afkar/afkar-29/Islam_femme_memoire_fra.pdf

BENHAIEM, Annabel "Ces féministes qui défendent le voile" in https://www.lexpress.fr/actualite/societe/ces-feministes-qui-defendent-le-voile_904685.html

KILLIAS Oilivia "Sisters in Islam: un collectif féministe conteste l'autoritarisme étatique et religieux en Malaisie" in https://www.cairn.info/revue-nouvelles-questions-feministes-2012-2-page-144.htm

SHERKAT Shahla 'Le mot féministe a trouvé sa place dans les esprits' in le Monde https://www.lemonde.fr/societe/article/2009/03/07/shahla-sherkat-le-mot-feministe-a-trouve-sa-place-dans-les-esprits_1164903_3224.html

EBADI, Shirin in https://www.lexpress.fr/culture/livre/entretien-avec-shirin-ebadi_821262.html

DADOUCHE, Mona, "ce que j'en dis : le féminisme islamique vers un élan progressiste ", in https://www.djazairess.com/fr/elwatan/437500

SHERKAT, Shahla, porte-drapeau du féminisme à l'iranienne In https://www.la-croix.com/Actualite/Monde/Shahla-Sherkatporte-drapeau-du-feminisme-a-l-iranienne-_NG_-2009-06-12-536005

MALBRUNOT, Georges "Shahla Sherkat, féministe iranienne" in http://madame.lefigaro.fr/societe/shahla-sherkat-feministe-iranienne-040309-14846

Masih Alinejad est une journaliste iranienne et une militante des Droits des femmes. Elle a lancé les campagnes 'My Stealthy Freedom' (des femmes iraniennes se prennent en photo sans voile et postent ces photos online)

SPORENDA, Francine "L'égalité ou le voile Interview de Masih Alinejad"
in https://revolutionfeministe.wordpress.com/2016/09/27/legalite-ou-le-voile-interview-de-masih-alinejad/

DECHALOTTE, Mélanie "Féminisme islamique : la voie du pragmatisme" http://www.lemondedesreligions.fr/mensuel/2015/71/feminisme-islamique-la-voie-du-pragmatisme-06-05-2015-4680_215.php
THIEBAUT Azadeh—Kian "Le féminisme islamique en Iran : nouvelle forme d'assujettissement ou émergence de sujets agissants ?"in https://www.cairn.info/revue-critique-internationale-2010-1-page-45.htm#no126

BENHADJOUDJA, Leïla, "Des voix féministes dans l'islam," in http://cjf.qc.ca/vivre-ensemble/webzine/article/des-voix-feministes-dans-lislam/
HIEL, Betsy "Les femmes Dhahran écartent le voile." Pittsburgh Tribune-Review.

LAMRABET, Esma "Islam et femmes : Émergence de nouvelles voies de libération..." in http://www.asma-lamrabet.com/articles/l-emergence-de-nouvelles-voies-de-liberation-pour-les-femmes-en-islam/

LAMRABET, Esma "l'héritage : relecture des versets" in http://www.asma-lamrabet.com/articles/l-heritage-relcture-des-versets/#_ftn2

LAMILI, Nadia "Asma Lamrabet : Le Coran n'a jamais été discriminatoire à l'égard des femmes" in http://www.jeuneafrique.com/423710/societe/asma-lamrabet-coran-na-jamais-ete-discriminatoire-a-legard-femmes/

LAMRABET, Asma, "Persona non grata chez les 'sages' musulmans" in https://www.lesinfos.ma/article/705087-Asma-Lamrabet-Persona-non-grata-chez-les-sages-musulmans.html

LAMLILI, Nadia, Islam : Et Dieu libéra la femme, in http://www.jeuneafrique.com/133379/societe/islam-et-dieu-lib-ra-la-femme/

TAZI, Salwa, "Lettre ouverte à Asma Lamrabet" in http://salwatazi.com/lettre-ouverte-asmaa-lamrabet1/

EL MAKRINI, Naïma, Le féminisme islamique comme courant minoritaire en voie d'institutionnalisation, in https://dial.uclouvain.be/pr/boreal/object/boreal:194146

MUSSEAU, François, 'Amina Wadud : Nous voulons être des musulmanes modernes', in Libération, 2 novembre 2005.

MATAILLET, Dominique, Le verset qui fâche, in http://www.jeuneafrique.com/107319/archives-thematique/le-verset-qui-f-che/

FOROUQ Ebn Eddin, 'La nécessité de la réforme des lois concernant le divorce, la polygamie, et la garde d'enfant' (en persan), Payam — e Hâjar, 10 septembre 1992, p.28-2

WADUD, Amina, 'Foi et féminisme : pour un jihad des genres', in Existe-t-il un féminisme musulman ? livre issu d'un colloque à Paris, septembre 2006, organisé par la Commission Islam et laïcité de la Ligue des droits de l'homme (LDH), en collaboration avec l'UNESCO. En ligne [archive].

RUEFF, Judith, entretien avec Malika Zeghal, 'Aux États-Unis, la naissance d'un nouvel islam', Libération. fr (in http://www.algerie-dz.com/article1735.html)
RAMADAN, Tarik : Site officiel de : https://tariqramadan.com/

CHEMS, Youssef "Nadia Yassine préfère la République à la Monarchie" in
https://www.saphirnews.com/Nadia-Yassine-prefere-la-Republique-a-la-Monarchie_a1582.html

GARÇON, José, 'Les islamistes défilent à Casablanca, les 'modernistes' à Rabat', in Le Nouvel Observateur, 'Femmes : les 'deux Maroc' dans la rue', in https://www.nouvelobs.com/monde/20000313.OBS2803/femmes-les-deux-maroc-dans-la-rue.html

MARTINEZ, Emmanuel, "Entrevue avec Nadia Yassine, Féminisme islamique," in http://journal.alternatives.ca/spip.php article4140.

KRISTIANASEN, Wendy, 'Débat entre femmes en terre d'islam', monde diplomatique in https://www.monde-diplomatique.fr/2004/04/KRISTIANASEN/11108

STEINVORTH, Daniel, "Our Religion Is Friendly to Women," in http://www.spiegel.de/ international/world/interview-with-moroccan-islamist-nadia-Yassine-our-religion-is-friendly-to-women-a-492040.html

VOGEL, Jean "Qu'est-ce que le féminisme islamique" CESEP in https://www.cesep.be/index.php/72-publications/analyses/enjeux-de-societe/178-quest-ce-que-le-feminisme-islamique

HAMIDI, Malika, 'Féministes musulmanes : De la réappropriation du religieux aux stratégies de libération fidèles aux valeurs universelles', in https://www.academia.edu/818536/_Féministes_musulmanes De_la_réappropriation_du_religieux_aux_stratégies_de_libératio n_fidèles_aux_valeurs_universelles

DOMINGUES, Clara, Entretien avec Chahla Chafiq, Le piège et l'impasse du féminisme islamique » in http://sisyphe.org/spip.php article3776

BRUN, Solène et LARZILLIERE, Capucine : Entretien avec Zahra Ali 'Les femmes musulmanes sont une vraie chance pour le féminisme' https://www.contretemps.eu.µ.

HEVENET, Elisa, "Karimi, Hanane, La mosquée pour tous", in https://www.lesinrocks.com/ 2014/02/04/actualite/hanane-karimi-la-mosquee-pour-tous-11468815

HENNI-MOULAÏ, Nadia, 'Le féminisme musulman en France. Ne me libérez pas, je m'en charge ! », in https://www.middleeasteye.net/node/46935

Waldemar Gurian (1902-1954), historien et essayiste russe émigré aux États-Unis en 1937, a introduit le terme 'd'idéocratie' pour qualifier les totalitarismes soviétique et nazi, dont la caractéristique commune est d'être des régimes guidés et organisés selon des idéologies utopiques.

Collin, Annie-Ève "Le féminisme intersectionnel comme pseudo-science sociale, partie 3 : le privilège épistémique" in http://www.discernement.net/details/99

HADNI, Dounia ; Comment être féministe et musulmane ? in http://www.liberation.fr/debats/2017/12/19/comment-etre-feministe-et-musulmane_1617819

BRUN, Solène et LARZILLIERE, Capucine : Entretien avec Zahra Ali 'Les femmes musulmanes sont une vraie chance pour le féminisme' https://www.contretemps.eu.

MASSENA, Florence "La lente émergence d'un féminisme musulman" in http://www.lavie.fr/actualite/societe/la-lente-emergence-d-un-feminisme-musulman-19-10-2012-32333_7.php

DORLIN, Elsa. 'Black Feminism Revolution' La Révolution du féminisme noir aux États-Unis In : Genre, postcolonialisme et diversité de mouvements de femmes [en ligne] : <http://books.openedition.org/iheid/5897>. ISBN : 9 ? 782 ? 940 ? 503 ? 926. DOI : 10,400 0/books.iheid.5897.

SLIMANI, Leila « Mona Eltahawy : Le féminisme n'est pas une importation occidentale »
http://www.jeuneafrique.com/mag/245672/culture/mona-eltahawy-le-feminisme-nest-pas-une-importation-occidentale/

Table des matières

DU MÊME AUTEURE

ALGÉRIE, LE MASSACRE DES INNOCENTS, 2000, éditions Fayard, Paris.

CONVERSATIONS À ALGER, QUINZE AUTEURS SE DÉVOILENT, 2005, éditions Chihab, Alger.

LES BELLES ALGÉRIENNES, CONFIDENCES D'ÉCRIVAINES, 2006, Média-plus, Constantine.

SOIXANTE ANS D'ÉCRITURE FÉMININE EN ALGÉRIE, 2009, essai, éditions ENAG, Alger.

REBELLE EN TOUTE DEMEURE, 2003 récits, éditions Chihab, Alger,

DJEMINA, 2008 récits, éditions Media-plus, Constantine,

VISA POUR LA HAINE, 2008, roman, éditions, Alger,

LA REVANCHE DE MAY, 2010, roman, Montréal, rééditions La pleine Lune, Montréal (Prix Espace Femmes arabes du Québec).

TERRE DES FEMMES, 2014, roman, éditions Chihab, Alger (Prix international Kateb Yacine 2016)

TERRA DI DONNE, 2017, traduction en italien de Terre des femmes, éditions Bésa, Italie

AIMER MARIA, 2018, éditions Chihab, Alger.

J'AI OUBLIÉ D'ÊTRE SAGAN, *2019*, éditions Hashtag, Montréal

CE QUI RESTE DES FEMMES, 2023, éditions Chihab, Alger.